U0019555

活見鬼！

MARY **ROACH**

SPOOK

SCIENCE
TACKLES
THE
AFTERLIFE

世上真的有阿飄？科學人的靈異世界之旅

瑪莉・羅曲
貓學步——譯

目次

序

我的母親非常努力對我灌輸宗教信仰。她送我上慕道班。她買修女紙娃娃給我，彷彿把聖衣會的修女頭巾換成本篤會的頭巾，就能激發出一種虔誠奉獻的宗教感。其中記憶最深刻的，便是她會讀《聖經》給我聽。每晚上床前，她都會努力仔細地讀上一、兩個章節，並且在適當的時刻把書遞給我，讓我看看那些寓言和奇蹟的彩色繪圖：耶里哥（Jericho）的殘破城牆、耶穌攤開雙掌走在暴風雨的海面上。在我母親的那本《聖經》裡，耶穌門徒兼好友拉薩路（Lazarus）的死而復生被描繪成一個冒牌的波利斯·卡洛夫[1]裹著木乃伊破布、半身僵硬地坐起。我沒有辦法相信這些事真的發生過，因為另一個神，那個帶著實驗安全眼鏡、而且知道怎

[1] 譯註：波利斯·卡洛夫（Boris Karloff），恐怖片演員，演過《木乃伊》、《科學怪人》。

麼用計算尺的神，祂想知道，就科學上來說這些事如何成為可能？信仰並未贏得勝利，因為科學始終緊迫盯人。真的是號角令城牆倒塌的嗎？還是當教士吹號時正好有地震？有沒有可能耶穌只是利用了那些近海珊瑚礁，有時候它們的頂端在海面下不過幾吋而已？而拉薩路或許只是一個過早下葬的單純個案？我並不是說這些事情沒發生過。我的意思只是，我需要一些證明。

當然，科學並不是那麼令人信賴地只傳達事實。科學就和負責驗證的那些人一樣可能犯錯。科學對每一個能夠問的問題都有答案。然而，當新資料出現時，科學保留了改變答案的權利。八〇年代早期，當我發現雷龍原來生長在乾枯多岩的沙漠環境，科學第一次背叛了我。在我小時候的青少年科學書籍裡，雷龍都站在水深及臀的鹹水中，嘴邊還懸掛著滿溢出來的綠色植物。而書裡呈現的暴龍，就像社會名流一般站得直挺挺，而且像酷斯拉一樣緩慢笨重地行走，但事實上，我們後來才知道，牠們跑得像嗶嗶鳥一樣飛快，背部水平、尾部上揚。科學也讓我們相信放血、用砒霜治憂鬱、用鵝糞治療癲癇的醫療用處。時至今日並沒有什麼太大的不同。荷爾蒙補充療法從奇蹟變成災難不過一夜之間。脂肪披著危險營養素的外衣長達十五年，然後毫無預警地就跟碳水化合物交接了。我以前寫過「醫學再諮詢」（Second Opinion）這個專欄，為此我瀏覽醫學文章，尋找類似的研究紀錄，譬如說，焦肉對健康的好處，或是蘆薈用在治療傷口時的毒性影響。這種資料從來不缺。

縱使有諸多瑕疵，科學仍是我曾有過最堅定可靠的神。所以我決定尋求祂的幫助，看看祂對死後這個主題有什麼說法？因為我知道宗教上的說法，而且覺得困擾。那不是一個完整的、條理清晰、在科學上合理或可驗證的腳本。宗教說你的靈魂會上天堂，或七重天，或你的靈魂會輪迴轉世到一個新的身體去，或你會穿著壽衣躺在棺木裡直到基督復臨。而且，其中當然只會有一個是真的。對成千上萬的人而言，關於死後之事，宗教只不過是個廉價的建議。科學似乎會比較有幫助。

大致上，科學會這麼說：是的，沒錯。如果有靈魂，如果有一個脫離乙太體的你，可以獨立於你的腦而繼續存在，那麼我們科學家會知道的。已故的克里克（Francis Crick）是DNA結構的共同發現者，也是《驚人的假說》（*The Astonishing Hypothesis: The Scientific Search for the Soul*）的作者，他的說法是：「你，你的喜悅、悲傷、記憶和抱負，你的本體感覺和自由意志，實際上只不過是一大群神經細胞及其相關分子的集體行為。」

但是克里克博士，你可以證明嗎？如果不能，那就和《舊約聖經》宣告上帝存在一樣，對我而言毫無幫助。那只是一種觀點，雖然說出此話的是一個滿頭華髮、無所不知的古怪老人。我追求的是證明。或證據，都一樣，只要能夠證明一件事就好，在肉體打烊後，還有某種形式的意識脫離肉體持續存在。或不存在。

證據是非常令人安慰的東西。小時候我常常擔心，有一天那個把我拉在地球上的無形力量會毫無預警地失靈，然後我會像派對上的氣球一樣飄到太空中，愈飄愈高直到我凍死、爆炸或窒息，或三件事一起發生。後來我學到了重力，那個以極大對極小的可靠拉力。我知道科學上已經證實了重力存在，於是我就不再擔心會飄走。我接著擔心的是黑頭粉刺，還有派特·史東何時會夢見我，以及其他科學幫不上忙的難題。

這尤其令人安慰，如果我相信自己對這問題有答案：我們死時會怎麼樣？是否有如燭光熄滅，然後就這樣，沉睡萬年？還是會有某部分的個人，我，繼續存在？那是什麼感覺？我整天都做些什麼？會有插座能接上我的筆記型電腦嗎？

我即將探討的計畫中，大部分都已經經過、或正在進行科學驗證。我指的是使用科學方法進行研究的人，最好是處在受人尊崇的大學或機構。科技有機會參與其中，法律也是。我對靈魂在哲學上的爭論沒有興趣（也許是因為我搞不懂）。我對個人靈異經驗的八卦傳聞也沒有興趣。八卦傳聞很有趣，有時候很迷人，但都未經證明。另一方面來說，這也不是一本揭發真面目的書。懷疑論者和揭發者在這個領域都提供了所需的服務，但他們的作品或多或少預設了結果。我很努力不要預設立場，不要想得太理所當然。

簡單地說，這本書是給那些願意相信有靈魂和來生、但又無法接受宗教觀點的人。對於我們最沉重的未解之謎，這是一記有趣、隨意而又徹底世俗的突襲。這是精神性的，但討論起來像是在談作物科學。如果你在你家附近書店的新世紀區看到這本書，那完全是因為放錯了，你應該立刻放下。如果你在瀏覽園藝、船艇之類的書籍時發現它，那也是因為放錯了，不過你說不定會喜歡。

一九七八年八月六日，星期日，主顯聖容節。當晚，垂死的教宗保祿六世躺在房間裡。隨侍在側的是他的醫生和兩個祕書，馬契閣下（Monsignor Pasquale Macchi）和馬吉神父（Father John Magee）。九點四十分，在一次嚴重的心臟病發之後，教宗斷氣了。就在那一刻，他床邊桌上的鬧鐘響了起來。這段情節陳述的是「教宗最喜愛的波蘭鬧鐘」。他在一九二四年購於華沙，之後就一直帶在身邊，好伴他雲遊四海。他喜歡這個鐘，就像農夫喜歡他那條慢吞吞的老狗，或像小孩喜歡他的毯子一樣。鬧鐘每天都設定在早上六點三十分，他逝世的那天也不例外。

我第一次偶然讀到這個故事，是在一本令人容易上當但又令人屏息的刊物，它談的是死後世界的相關假設證據。我不記得書名（但關於靈魂溝通那一章的標題〈與亡者交流〉似乎一直跟著我）。那本書指稱，教宗逝世時的鬧鐘聲證明了教宗精神的某種痕跡，其在脫離肉體時影響了鬧鐘[1]。有一本很受歡迎的保祿六世傳記《教宗》（*Pontiff*），同樣以拙劣的戲劇口吻敘述那個故事：「那個古老的鬧鐘，當天早晨六點半才響過，並沒有重上發條或重新設定，但就在那一刻，開始哭號起來……。」

希伯斯威特（Peter Hebblethwaite）的《保祿六世：首位現代教宗》（*Paul VI: The First Modern Pope*）一書倒對這個過程有不同的說法。教宗逝世那天的早上，他本人在睡覺。他醒來問幾點了，他們告訴他是十一點。「教宗睜開眼睛看著他的波蘭鬧鐘：十點四十五分。『你看，』他說：『我的老鐘和我一樣累了。』馬契試圖幫鬧鐘上緊發條，但有點搞不清楚該怎麼做。」根據這個版本的說法，鬧鐘之所以在教宗逝世那一刻響起，是因為馬契閣下「碰巧把鬧鐘設定在那個時刻」。

我傾向站在希伯斯威特這一邊，因為：一、他的書有很多研究資料的註釋。二、希伯斯威特的版本並沒有美化教宗的一生。舉例而言，在最後一章有一個情景，是教宗躺在床上看電視。這位世界最高層級的天主教徒，聖中之聖，不但看著B級西部片，而且有點跟不上情節。希伯斯威特引用當時在場的馬吉神父原話：「保祿六世看不懂劇情，於是不斷地問我：『哪個是好人？哪個是壞人？』他只對馬出現的場景比較熱衷。」希伯斯威特如此陳述。

為了進一步確定，我決定追查那個弄亂或者沒弄亂鬧鐘的人：馬契閣下。

我打電話給羅馬天主教廷在美國的代言者「美國主教團」(U.S. Conference of Catholic Bishops)，聯絡上該組織當時的圖書館長里維克（Anne LeVeque）。在天主教相關瑣事上，里維克是個樂於助人的資料來源，並提供了一個驚人的奇怪事實：剛死去的教宗會被一把特殊的銀鎚敲擊額頭三下。里維克知道教宗辭世後不久，馬契曾和一群教士碰面，這群教士又和組織中的某個人說過話，所以給了我這個人的電話。這人同意告訴我故事，但不願公開身分。「我寧願當你的深喉嚨，」他是這樣說的，讓我在腦海裡不由得把美國主教團和色情電影永遠連結在一起了，這實在是他們完全不需要的一種連結。

深喉嚨確認了基本故事。「我聽到的描述並不是一瞬間的，比較是五、四、三、二、一⋯⋯然後鬧鐘響了。」他聽到的是，無論別人怎麼說，鬧鐘並不是被設定在教宗辭世的那一刻。「感覺上，」他說：「應該是教宗靈魂離開肉體的那一刻。」然後他從一本他稱之為「主教電話簿」的東西上，找出馬契的地址給我。我想問他裡面是否包括主教黃頁，提供主教室內裝潢清理和主教護送的服務，但我決定還是不問比較好。

馬契現在是退休的總主教。透過一個在義大利的朋友的朋友的幫忙，我擬了一封信詢問鬧鐘事件。馬契總主教迅速且客氣地回信，還稱呼我為「高貴的學者」，儘管我稱他為樞機主教閣下（Your Eminence）（我只是出於假設），但事實上應該稱他總主教閣下（Your Excellency）或總主教大人（Your Grace）才對，取決於你查閱的是哪本禮儀書。（教宗陛下〔Your Holiness〕這個稱呼只保留給教宗本人，其權威性高過於一切，可能只有我家鄉的舊金山巨人隊閣下〔Your San Francisco Giants〕例外。）馬契附上一本他自己寫的保祿六世傳記，書籤夾在第三百六十三頁。「那天早上，」他寫道：「我注意到鬧鐘停了，我想幫它上發條，卻不小心把鬧鐘指針設定在晚上九點四十分。」顯然，深喉嚨被他的深喉嚨誤導了。

有點煩人的是，我又發現鬧鐘事件的第三個版本，這版本來自一位怨恨保祿六世的教士。這個人斷言，鬧鐘事件是梵諦岡捏造的，試圖為錯誤的死亡時間背書，好用來遮掩某些教廷職責漏洞，因為那些漏洞會令教宗顯得不虔誠。

這個故事的寓意，在於證據是一種難以捉摸的標的，當你試圖證明一個無形的事物時，又更是如此。就算我努力證明，在教宗逝世那一刻，鬧鐘真的毫無人為操縱原因就響起來，也無法證明那是他離開的靈魂觸動了鬧鐘。我又不能叫鬧鐘站在證人席上去作證。

你愈是深入探索這個主題，就愈難堅定不移。就我的經驗看來，最堅定的觀點都是基於無知或公認的教條，而非深思熟慮累積的事實。你愈是身處於情勢的複雜和真相之中，事情就愈是看不清楚。

這也是我認為最有趣的地方。我會找到我所追求的證據嗎？到時候就知道了。但我可以承諾你一段有趣的旅程，無論終點何在。

註釋

1 我們可以從路賽克太太（Mrs. Linda G. Russek）一只電子鬧鐘的古怪行徑中，看到教宗鬧鐘的相關現代推論。路賽克太太住在佛州波卡瑞鎮（Boca Raton），丈夫亨利剛過世，她猜想丈夫是否會透過鬧鐘和她聯繫？這位靈學家太太做了一個實驗，她要求亨利在奇數日把鬧鐘調快、偶數日調慢。但，得到的資料毫無意義，因為實驗才開始沒多久，AM／PM的指示就故障了，路賽克無法明確做出任何結論，因為這下她需要一個新鬧鐘。

1 又是你
造訪輪迴國度

我不記得自己出生那天早上的心情如何，但我想像得出來，我會覺得有點不舒服。舉目所見的一切沒有什麼是熟悉的。人們都盯著我看，而且發出奇怪的聲音，穿戴著難以理解的服飾。一切似乎太過喧囂，而且一點道理也沒有。

這大致上正是我現在的感覺。我那美國中產階級的自在人生，兩天前結束在印度的德里國際機場。今日我重生了：成了那毫無頭緒、驚慌失惜的小傢伙，連找頓飯吃或找個洗手間都辦不到。

我準備和拉瓦博士（Kirti S. Rawat）在印度待上一個星期，他是「國際生存（靈魂的生存）與轉世研究中心」(International Centre For Survival and Reincarnation Researches）的主任。拉瓦博士是拉賈斯坦大學（University of Rajasthan）的退休哲學教授，他也是學者中的少數，認為轉世已經超越隱喻與宗教法則的領域。這六、七位學者認真看待那些提到前世人物與事件的孩童。他們很看重這些小孩的說法，會去造訪小孩此生的家，可能的話也造訪所謂前生的家，訪問家族成員與證人，詳列證據與相異之處，試圖掌握這個奇特現象。在他們面臨的問題中，最好的情況是不受科學界重視，最慘的情況則是被當成笑柄。

我有可能會傾向後者，若不是因為我對這個領域的初次啟蒙，是先來自一篇美國醫學博士史帝文生（Ian Stevenson）的期刊論文。史帝文生在過去三十年已經研究過八百個個案，這段期間他是維吉尼亞大學的終身教授，同時也是《美國醫療協會期刊》（*JAMA*）和《心理學報告》（*Psychological Reports*）等同儕評鑑性刊物的撰稿者。維吉尼亞大學出版社已經出版了四冊史帝文生的轉世個案研究，學術性的普拉哲出版社（Praeger）最近也出版了史帝文生的兩千頁著作《生物學與轉世》（*Biology and Reincarnation*）。此人的可信度與其作品的驚人數量，引起我的注意。如果史帝文生認為靈魂轉世值得研究，我想，或許真有些什麼正在進行中。

史帝文生已經八十幾歲，幾乎不再進行田野調查了。我聯絡上他之後，他指引我去找一位在印度邦加洛（Bangalore）的同事，但他提醒我，那位同事不會答應我任何事，除非能先跟我碰過面，碰面地點恐怕就是在邦加洛，對一場初識交談而言還真是遠得要命。一連串沒有回音的e-mail似乎落實了這個事實。大約同一時間，我e-mail給拉瓦博士，一九七〇年代他和史帝文生在印度合作過許多個案研究。拉瓦博士剛好來到加州看他的兒子和媳婦，距離我一個鐘頭車程。我開車過去，和那家人喝了咖啡。我們聊得很愉快，拉瓦博士同意和我一起到印度待一、兩個星期，陪同他研究下一次出現的任何個案。

在機場和我碰面的拉瓦博士，看起來不是那麼愉快。在我事先訂好的旅館內，他對客房服務不滿，和管理部門起了爭執。隔天早上，我們打包行李搬到德里另一端，住進他和史帝文生過去經常投宿的阿爾卡旅館（「奢華的最佳選擇」）。那裡的地毯溼黏黏的，而且馬桶座會在你起身的時候從後面打你。電梯只有電話亭大小。但拉瓦博士喜歡這裡的素食餐，而且這裡對服務注重到荒謬的地步。門房穿著閃亮外套和前端往上翹起的拖鞋守著大門，在我們經過時把門拉開，彷彿我們是國際名人，或購物度假中的名媛派瑞絲．希爾頓。

現在是我們旅程第一天的早上九點。司機在外面等著。聽起來很奢華，但實際上不然。那輛車是一九六五年的印度經典國民車，只剩一隻雨刷會動。拉瓦博士似乎並不介意。關於老國民車這個主題，我從他那裡聽到最多的就是：「開始過時了。」這輛車讓他最喜歡的地方在於它的司機。「他很聽話。」當我們自路邊啟程的時候，他對我這麼說。「一般來說，我喜歡聽話的人。」

喔，老天啊。

本週的個案是一個住在相德納村的小男孩，那裡距離德里三小時車程。拉瓦博士利用坐車的時間為我補充此個案的特殊之處，但我開始覺得難以專心。我們一出德里就遇上塞車。那裡沒有真正的分道，只有相反方向的車流，混亂而隨意，彷彿是從骰子盅裡撒出、偶然被丟在柏油路上。每隔幾呎，就會有一群牛隻出現，像經過電腦影像處理一般進入這場混亂：牠們在路中央閒晃漫步，或是以令人難以置信的平靜躺在地上，看來就像是在分隔島上舉辦一場睡眼惺忪的睡衣派對。我們進入一個顛簸的、有如萬花筒的圓環。在這大混亂中央，一個交通警察站在水泥高台上，正揮著手。我無法告訴你，他是在指揮交通，還是在為自己搧風。

我大聲詢問這些人是要去哪裡。「每個人都有自己的目的地。」他這麼回答。這真是非常拉瓦博士式的回答。拉瓦博士有兩個學士學位，其中一個是哲學，他的博士學位也是哲學，而且還保留了一項他的熱愛：印度的祈禱音樂與詩歌。他是最夢幻的科學家。前一個晚上，在嘈雜悶熱又空氣污濁的計程車上，他靠過來對我說：「你有沒有心情聽一首我的詩？」

拉瓦博士正在向我解釋，我們要探訪的是個相當典型的個案。這個小孩名叫艾許瓦里（Aishwary），在大約三歲的時候開始談到前世的人物。在史帝文生的研究中，百分之九十五的個案在二到四歲之間開始談到前世，在五歲時逐漸忘掉一切。

「另一個典型的特徵是P．P．死於非命。」

「對不起？什麼？」

「前世人格（Previous Personality）。」被認為已經轉世的那個死者。「我們簡稱P．P．。」也許他們不該這樣。

艾許瓦里的家人認為他是一個叫做維帕爾（Veerpal）的工廠工人轉世，他住在幾個村落之外，在艾許瓦里出生不久前意外觸電死亡。拉瓦博士打開他的公事包，拿出一些裝在信封裡的快照，那是他上個月開始研究的時候才拍的。「這張是艾許瓦里參加他『兒子』的生日派對。」照片中艾許瓦里四歲，他「兒子」剛滿十歲。彷彿唯恐這年齡議題還不夠顛覆似的，「兒子」的生日帽帶上還裝了一個又長又白的鬍子。今天早上，當我翻閱一疊拉瓦博士的通信往來資料，意外從一封信中看見這段文字：「我真的好高興你可以『娶你的女兒』(marry your daughter)。」雖然無法完全確定，但我可以合理推論，信上要說的應該是「嫁女兒」("marry off" your daughter)才對。

「這一張，那男孩和朗妮(Rani)。」朗妮是死去工人的遺孀，二十六歲。在照片上，那男孩正充滿愛意地望著他前世的合法妻子——充滿慾望地，幾乎可以這麼說，如果你花了太多時間和轉世研究者待在印度的話。這是我見過最難以置信、荒誕無稽的事情了，於是我望向車窗外，一隻大象正沿著德里的一條高速公路緩慢沉重地走著。

在加州，可疑的轉世研究者往往出自貴族與特權階層。一個印度的勞動者轉世，對我而言有點新鮮。拉瓦博士說這在印度很常見：「他們是記得自己平凡人生的平凡人。」不過有一些例外，到目前為止，已經有六個假的尼赫魯❷轉世，還有八個想當甘地[1]。

❷ 譯註：尼赫魯（Nehru），印度獨立後的第一任總理。

在艾許瓦里的個案裡，那所謂的前世人格同樣出身於一個貧窮的家庭。根據拉瓦博士的判斷，這點強化了該個案的可信度，因為經濟利益不構成詐騙的動機。已經知道有些貧窮家庭會捏造一個轉世的故事，他們挑選有錢人家為目標，期望「前世人格」的家庭覺得對已故親人的新家庭有經濟上的義務。拉瓦博士還告訴我另一個捏造轉世的創意運用：逃離不愉快的婚姻。幾年前他研究過一個個案，一個女人生病了，宣稱自己曾經短暫死亡，而復活過來的是另一個靈魂。現在她是另一個完全不同的人了，她爭辯道，不該再期待她和原本的丈夫生活或睡覺。（離婚在印度社會仍是沉重的污名。）拉瓦博士訪問了為她診療的那個醫生。「他根本不是西醫，是個半土半西的醫生」，一個接骨師。而且她根本沒有死。「他告訴我說，『呃，她的脈搏變慢了。』」

趁著拉瓦博士小睡片刻，我翻閱他的一本書《轉世：科學證據多有力？》（*Reincarnation: How Strong Is the Scientific Evidence?*）。讓我們暫時先撇開「有力」的部分，看看「科學」的部分。正如大部分的心理學和哲學理論，人們無法在實驗室中證明轉世。你沒辦法看見它發生，也沒有生物架構存在以解釋它可能如何運作。轉世研究者所用的技術比較接近警察辦案。那是非常累人、非常辛苦的研究，必須追查每一個獨立變異的案情。研究者先和孩子的父母取得聯繫，然後跋涉到那個村落或城鎮。他們要求父母仔細回想實際發生的狀況：當孩子第一次提到那些明顯不符合現在生活的、前世的人事物時，到底說了什麼？一字一句加以詢問，鉅細靡遺。他們根據孩子所說的話，尋找可信的證人，並且訪問他們。

當研究者前去拜訪的時候，那家人通常已經為孩子前世的肉身找到一個可能的人選。印度鄉下的居民多半接受轉世為事實，只要有孩子記得前世，消息很快就會傳到鄰近村落。研究人員無法訪問前世人格，畢竟已經死了，但可以從他的家人著手。如果聽說那孩子認得他前世的家、家鄉的特徵，或前世的家庭成員，研究人員也會訪問那些曾經看過雙方會面、或看過小孩所指稱事物的證人。

最有力的個案，是父母在孩子第一次說到前世時就寫下孩子的說法，而且是在他們和前世的家人或朋友碰面之前。（這很少見，在史帝文生的個案中，大約只有二十件留下了文字紀錄。）沒有文字紀錄，研究者只能問出父母記憶中孩子的說法。這使得證據有點站不住腳，不是因為村民不誠實，而是因為人類記憶非常容易有誤。記憶是不可信賴的，會因為人的信仰與慾望而輕易扭曲。那男孩說到觸電意外，是在父母談到維帕爾的死亡之前，還是他早就無意間聽到父母的談論？他真的說他是因電流致死的，還是他的母親聽過一些事情之後，重新詮釋某些語意模糊的部分？那男孩把死因歸於一條線，他可能是指一條繩索，但曾經聽說過觸電意外的母親，卻想像成一條電線。諸如此類的情況。

史帝文生的個案紀錄多半附有一個圖表，彙整了據稱轉世的孩子的說法，其中涉及他或她的前世以及認得的人。針對每一項說法和指認，史帝文生都列上一位證人，有可能的話，還會列上證人的說法。圖表多半長達八頁或十頁，上頭滿布辛苦耕耘所累積下來的名字和小字，要消除你的懷疑思想。如果你相信史帝文生的著作，你很難得到除此以外的結論：轉世真的會發生。

懷疑論者往往駁斥史帝文生的著作，視之為先驗（priori），很少人會視個案而定。不過有個名叫安佐（Leonard Angel）的人曾嘗試過，他當時是英屬哥倫比亞道格拉斯學院的人文科學教授。他選擇了黎巴嫩德魯茲（Druze）男孩艾拉瓦（Imad Elawar）的個案，史帝文生曾經表示那是他最有力的個案之一。在可能的前世人格被鎖定之前，就已經留下文字紀錄，這是唯一一個由史帝文生親自寫下的陳述，因此排除了知情後的編造。安佐抱怨史帝文生毫無來由地陳述了男孩和父母的說法。史帝文生只寫下那對父母「相信（那男孩）曾經是克利比（Khriby）這地方的穆罕默德·布漢吉。穆罕默德的太太叫佳米拉（這兩個名字正好是男孩第一次提到，而且最常說到的名字），他因為和卡車司機爭吵而被車撞，傷重不治死亡。」

史帝文生和那家人首度造訪克利比。他找不到符合的穆罕默德·布漢吉，然而，四方打聽之後，找到了一位亞伯拉罕·布漢吉，他有個情婦叫佳美拉。亞伯拉罕沒有被卡車壓過，而是他的親戚薩伊德遇上這事，但也不是因為爭吵的緣故。史帝文生的結論是：男孩父母想錯男孩的話了。可是紀錄中並沒有提到男孩到底說了什麼，這樣實在很難知道該怎麼想。紀錄中也沒有解釋，為什麼男孩最常提到的名字是穆罕默德？這位亞伯拉罕正好穿得進玻璃鞋，於是史帝文生從那裡繼續下去。

但我從沒去過克利比，安佐也沒有。一定有什麼理由，讓史帝文生認為艾拉瓦的個案強力指向轉世。到底這是個案的真相，還是出於偏見的盲目，我說不上來。

於是，我為了答案來到印度。我想親自走訪一件個案，見見相關家庭，聽聽他們的說法，看看他們的互動。

在印度，我尋求著未必符合問題的答案。今天早上在旅館裡，我問侍者瑪沙拉蛋捲裡加的是哪種起司。

「切片的。」他說。

我希望結果會比這好一點。

交通阻塞已經紓解了，司機終於得以依照自己喜歡的方式自由地前進。這表示極可能愈開愈快，開到前方車尾根本已經貼到面前，再猛按喇叭直到前方車輛換道行駛。如果那輛車不肯換道，他就開進反向車道，為了製造戲劇效果，最好前方還有一輛小卡車逼近，然後在千鈞一髮之際開回原車道。家畜和彈坑大小的凹洞常常憑空出現，激發了007龐德式的瞬間轉彎和煞車。就像是活在電視遊戲裡一樣。

「他為什麼不開進快車道，然後順著開下去就好？」

「因為沒有所謂的快車道。」拉瓦博士說。他平靜地望著他的車窗外，羊群和放鬆牌（Relaxo）便鞋的看板閃過眼前。「每個車道都一樣。開得慢的就靠邊。」他以一種中立敘事的口吻說道，彷彿在描述一條安全文明的道路法規。猛按喇叭和閃燈被認為是禮貌：你只是在提醒前方駕駛你的存在。（後照鏡只是用來檢查你的髮型。同樣地，駕駛旁的後視鏡目前只負責讓你毫無遮掩地看見儀表板。）「請鳴喇叭」和「請閃大燈」的標語就漆在大部分卡車的車後，於是，即使最悠閒的駕駛都會跟著按喇叭、閃車燈，彷彿他的球隊贏得了世界杯。我發現這樣實在很難放鬆心情。

在印度，你看到的每個地方，人們都表現得很平靜，以一種我們在美國認為非常危險的方式，用信號燈和擴音器來懇求死亡。穿著紗麗的女人側坐在高速行駛的偉士牌後座，沒戴安全帽。自行車騎士穿梭在交通阻塞的道路上，呼吸著柴油濃煙。乘客坐在計程卡車的車頂上或掛在車側，彷彿一堆人疊在一輛單車上雜耍表演。卡車超載著一球球頂端像瑪芬蛋糕膨開的貨物，搖搖欲墜，威脅著要把旁邊的摩托車騎士埋進合法噸數的花椰菜和馬鈴薯之下。（「危險勿近」，標語寫著，彷彿這裡可以合理大屠殺。）這裡的人似乎和我們不同，不必以擔心受怕、趨吉避凶的方式過活。撇開宗教教義不談，我開始了解轉世觀在這裡如此普遍的原因。印度鄉下似乎是個生命很容易被奪走的地方：意外、兒童疾病、貧窮、謀殺。如果你只是出去轉轉就回來，離開一下又何必太激動呢？

一輛巴士大鳴喇叭，然後欺到我們旁邊。「&*@##!!」

拉瓦博士退縮了。「老天！別探頭過去！」

我們已經爭論了整個早上。拉瓦博士知會了我一聲，他已經幫我在他家鄉訂下三個約，並且在印多爾獅子會以「謝師」為主題舉行一場座談。他留我在印多爾多待四天，我只打算待兩天。我試圖以沒有合適的衣服穿當藉口。他建議我穿他太太的紗麗。「紗麗，」我遲疑時他說：「是女人最優雅的服飾。」他還說：「你穿衣服不是要取悅自己。穿衣服是要取悅別人的。」你可以想像接下來有多慘。可憐的拉瓦。他想要香草卻吃到墨西哥辣椒。

今天的計畫是先到相德納村，對艾許瓦里的母親進行一些後續訪談，然後和那家人一起開車到附近的兩個村落，也就是維帕爾（據稱是男孩的前世人格）的家人居住的地方。

當我們到達相德納，拉瓦博士彙整了那家人的說法。那男孩的父親孟尼（Munni）說，當他們造訪相德納時，艾許瓦里認得維帕爾的叔叔嬸嬸，而且他可以叫出維帕爾相簿裡很多人的名字。他還進一步表示，男孩說他有三個孩子，家人住在卡馬普爾，而且他的種姓階級是羅陀（Lodh），這些在維帕爾身上全都符合。當孟尼要去買件紗麗，當做送給維帕爾遺孀朗妮的禮物時，據說艾許瓦里堅持要買土耳其藍色。朗妮說，維帕爾以前都買這個顏色的紗麗給她。孟尼進一步報告說，有人看見艾許瓦里用棍子敲打電線桿並對它「口出惡言」。孟尼的太太朗瓦蒂（Ramvati）說，她看見艾許瓦里試圖親吻朗妮的嘴，而且被看見愛撫她的胸部。

拉瓦博士，這種性早熟在轉世個案中很少見，但並非前所未聞。「那沒什麼。我聽過一個個案，一個丈夫對妻子說：『我死了以後，會回來當你的兒子，而且我不會吸你的母乳。』」想當然爾，故事繼續下去，丈夫在妻子懷孕的時候死了，幾個月後孩子出世，而且拒絕吸奶。「據說她既是他的母親，也是他的妻子。」

「那正是你們男人想要的。」我說。「我並不是說那有什麼不對。」

艾許瓦里的家人種植玉米和甘蔗。我們走過了他們雨後的泥濘庭院，這個季節的穀物收成，就攤在院子的水泥地板上蔭乾。兩隻牛悠閒泡在泥巴裡，牛角在頭的兩側像緞帶般捲曲著。爬上了一段屋外階梯後，穿過一個屋頂，就是那家人的睡房。除去三個藤編木頭床台和一台閃爍的黑白電視，那房間實在很小。

艾許瓦里的母親煮了一壺茶，放在角落的爐台上。拉瓦博士坐在艾許瓦里旁邊的床上，給他看上個月生日派對的照片。他指著那個戴著鬍子的男孩問：「這是誰？」他翻譯男孩的回答：「這是我兒子。」其他有些照片他看了也面無表情。即使遞給他那觸電致死的維帕爾的照片，他也搖搖頭望向他母親。「他現在似乎記得不多了。」拉瓦博士說。

艾許瓦里的父親孟尼告訴我們最新發展。孟尼和他的妻子一樣，也有著陽光般微笑，和一張討人喜歡、比例很好的臉。他告訴拉瓦博士，在維帕爾住過的鎮上，艾許瓦里走向一個男孩，跟他說：「你爸媽到醫院看過我。」那對父母確認了，在意外發生後他們的確去看過維帕爾。孟尼又表示，維帕爾的嬸嬸說，有一次她跟艾許瓦里開玩笑，那男孩說：「嬸嬸，你真是死性不改。」而那據說正是維帕爾習慣的說法。拉瓦博士記下這一點，因為我們下午會去拜訪那位嬸嬸。

在出發前往嬸嬸所住的村落之前，我們走到小鎮另一端，去拜訪另一個據稱喚起前世記憶的男孩，印度村莊可真稱得上是轉世的豐饒之地。「你來的時候是一個，」拉瓦博士說，「你走的時候有四個！」

在其他村莊或城市中，如果轉世並非信仰體系的一部分，則又不同了。在美國，宣稱轉世的孩童很少見：根據二〇〇一年蓋洛普調查，美國只有百分之二十五的人口相信轉世。這個事實或許比其他事實更加削弱所有轉世個案的可信度。轉世個案若發生在宗教教義不包括轉世的文化中，可信度會強過那些出現在接受轉世、甚至期待轉世的文化中的個案。其中原因顯而易見，在西方文化中，孩子如果指著陌生人叫出一個不熟悉的名字，父母會認為他在叫一個想像出來的名字。在印度、德魯茲或特林基特❸文化中，父母較有可能認為孩子是在叫他前世認識的人。個案是有解了，還是被建構出來的？「這是轉世研究中最常見的批評」，維吉尼亞大學精

---

❸ 譯註：特林基特（Tlingit），阿拉斯加的原住民。

神醫學教授塔克（Jim Tucker）說。他倒是研究過美國的個案。史帝文生同意：「關於這點，我沒有什麼好的解釋。」他告訴《維吉尼亞大學教職員報》（*Inside UVA*）的訪問者：「我很擔心這一點。」史帝文生和拉瓦博士都認為，父母的反應會造成不同的結果：在接受轉世的文化中，會鼓勵孩子說出他的記憶。而在別的地方，孩子的說法可能會被忽略，或被認為不正常而受到阻止。

拉瓦博士對相德納的新個案很興奮，因為那是個印度教男孩，宣稱前世是個穆斯林。（基於同樣理由，穆斯林男孩宣稱前世是印度教徒會更令人興奮。）我們走來的路上，還聚集了一些群眾，很多是小孩，我們似乎是在經過的時候把他們從屋子裡引了出來。你會覺得在這裡的孩子實在沒什麼事可做。我們還經過一個拿著風箏的孩子，那裡沒有風，他只是拎著線甩著它轉圈。這村落自從有了電力之後，所碰見最使人興奮的事物大概就是我們了。

拉瓦博士告訴我幾年前另一個穆斯林變印度教徒的個案。「他記得割禮的過程。」他對我說，一邊小心踩在泥濘的磚瓦路上。「不只如此！他出生時陰莖沒有包皮！」

我本來要問拉瓦博士，他是否認為特殊的陰莖形狀可能會激發孩子的想像，或者父母的想像，但我的夾腳拖鞋突然被軟陷的泥巴給奪走了。當我用力一拉，那橡膠拖鞋從水窪裡猛然一彈，濺得我裙子後面到處都是，男孩女孩在一旁竊笑著。怎麼樣，這樣已經算好的了！

當我們到達男孩家，後面的跟隨者已經超過五十人了。拉瓦博士不想在群眾面前進行訪談，以免受訪者受到壓力而影響發言。他拉起錫鐵柵門。群眾試圖擠進來。門片砰然作響、彎曲變形、幾乎支撐不住，就像是廉價懸疑片中女子閨房的房門。我們坐在門廊中，和所謂前世穆斯林的祖父說話（父母已經去世了）。看熱鬧的人群已經擴張到對街的建築物。他們蹲踞在屋簷，往下偷看著我們，像是乾瘦的、棕眼的驅邪石像。牆上有個架子墊了一張報紙，剪成中產階級家庭那種鋸齒邊緣桌墊的形狀，就像拉瓦博士家裡的一樣。「笑！」數位相機廣告的標題寫著：「未來已經接近！」

那男孩七歲，據說記得前世是個叫做戈丁（Guddin）的穆斯林小偷，住在德罕普爾，距離七公里遠。拉瓦博士為我翻譯：「我殺了兩個警察，然後他們殺了我。」討論繼續。洗衣水滴到我頭上。「別人說是十二個警察，」拉瓦博士敘述道：「祖父還說那男孩一向害怕警車。男孩說他的妻子叫做德罕顏塔（Dhamyanta），但那不是個穆斯林名字。來吧，我們應該幫他的陰莖拍一些照片。」他想看看這孩子是否也有類似割禮的先天缺陷。「我們會檢查他的包皮。」

拉瓦博士、我、那男孩、那男孩的祖父一起溜進房裡關上門。祖父抱起男孩讓他站在桌上。男孩脫下短褲，把臉別開我們。他對這個要求似乎沒有不高興，只是覺得害羞。他的包皮很正常，但拉瓦博士還是拿著相機對準。拉瓦博士還不太熟悉他的新相機，幾秒鐘過去了，彷彿他還在等待那個小東西微笑。我按了一下後面的按鈕。紅燈亮了。喔，很好，我們打開防紅眼功能了。若說有什麼時刻是你希望快點過去的，就是這種時刻了。終於閃光燈亮了，男孩可以穿上褲子了。

稍微談一下先天缺陷和胎記。在相信轉世的文化中，與生俱來的異常往往被視為孩子前世的線索，和前世人格的死亡有關。史帝文生的《轉世與生物學》裡就有十個例子，孩子的胎記或先天缺陷，正好符合他們宣稱的前世人格被槍擊的部位，或致命傷口處。

胎記這件事在歷史上有一種「母體印象理論」的說法。令人驚訝的是，大多數十六、十七世紀的醫生相信，孩子的胎記是母親在懷孕中受到記憶深刻的驚嚇而造成。一個嬰兒出生時少了手臂，是因為母親想起曾經被一個獨臂乞丐攻擊。一個有「魚鱗」的小孩（現在知道那是魚鱗癬的皮膚症狀）被歸因於母親對海蛇的恐懼。諸如此類[2]。醫學文獻中到處可見母體印象的報告，從普林尼（Pliny）和希波克拉提斯（Hippocrates），到一九〇三年版本的《美國婦產科教科書》，該書提出母體印象可能正是「象人」梅力克（John Merrick）畸形的原因，也是較不為人知的巡迴展示奇觀「龜人」的成因。

聰明的母親則試圖好好利用這一點。在十八世紀早期，懷孕的貴族女性常常被載到羅浮宮去，花一個小時望著某位英俊的古代伯爵或公爵的肖像，希望可以影響她們未出世的胎兒。

在《轉世與生物學》的許多胎記個案中，史帝文生假定，由於母親看見被害人的屍體，結果他的靈魂進入未出世的孩子身上。史帝文生並不相信所有的胎記都是母體印象造成的，但他對某些可能性保持開放態度。

母體印象理論的擁護者堅稱，情緒印刻（emotional imprinting）特別容易攻擊皮膚。史帝文生描述了五、六個個案，被認為可能是心理影響造成的皮膚科症狀，範圍從相對主流的症狀（情緒引起的疹痕和腫泡），到處於邊緣的例子（聖痕、魔咒印記、催眠造成的胸部脹大）。我猜想，如果你相信催眠可以豐胸，那發自內心深處的驚嚇可能影響發育中胎兒皮膚的這個說法，也許就不會太難接受。

那麼沒有包皮的男孩呢？他的前世人格的陰莖是致命傷口所在嗎？應該不是。這比較跟聯想相關。

史帝文生和他訪談過的家庭，也會根據心理或生理特徵的雷同，把孩子與他們所相信的前世人選連結在一起。史帝文生覺得，遺傳和環境的影響不足以解釋人類與生俱來的異常與缺陷，無論生理或心理缺陷都一樣。他從前世人格身上的異常與缺陷，尋求遺傳學無法達到的解釋。直覺上這個想法有著一定的吸引力。一個孩子的前世是個二次大戰的士兵，解釋了他對日本人的恐懼。前世是個音樂大師，解釋了音盲家庭為何出了一個音樂天才。不過，這種解釋又換來另一個問題。在遺傳學之外，一個死人的能力、恐懼或偏好，是怎麼轉移到另一個新的人體？其中機制是怎樣？在這方面，我們連母體印象這種薄弱的理論支持都沒有。

不受生物學限制，史帝文生自由地拓展他的理論。前世的一面被用來解釋外觀異常、巨胖、第三個乳頭、白化症、姿勢、步伐、對女人的恐懼、對玩具飛機的喜愛、兔唇、面皰、語言障礙、門牙分得很開，以及「喜愛鰻魚、平頭雪茄和酒」。透過這樣的廣角鏡頭來看，轉世實在很好推銷。找一個孩子，看他身上的幾百個特徵：要找出一、兩個和某個你已知死者的相關特徵，又會有多難？

在許多史帝文生的個案中，孩子想起來的前世是某個近親，這想法尤其站不住腳。當你在遺傳上有完美合理的生物學解釋時，為什麼要斷定是轉世呢？就連史帝文生的太太也很難完全嚥下這些說法。史帝文生在《轉世與生物學》中坦承：「內人鼓勵我投入這項工作的同時，對於我所得到的那些結論，也極為溫和地表達了她的懷疑。」

我們走回艾許瓦里家去接他一家人，前往卡馬普爾造訪維帕爾的嬸嬸。艾許瓦里為這趟造訪換了衣服。由於對胎記和疤痕一向很留意，拉瓦博士傾身去檢查男孩胸部中央的半圓形突出。

「你想這會是什麼？」他問我。

「我想這是胸骨。」

我們兩點多抵達卡馬普爾。消息傳得很快。那男孩在這裡！未來已經接近！司機還沒讓引擎熄火，人群已經圍住了車。「比蒼蠅撲向甜點還快！」拉瓦博士驚呼。或說蒼蠅會撲向任何東西。我們一停下來，動作遲疑的黑色蒼蠅就停在我的手臂上、裙子上和我旁邊的椅墊上。這景象可不是小蜜蜂圖案的椅墊造成的。

我們下車，開始走向維帕爾嬸嬸夏芭提（Sharbati）的家。很多女人端莊地用紗麗把臉遮住，但令人好奇的是（至少我覺得很好奇），她們卻把局部的腰腹暴露在外。

拉瓦博士在一棵樹邊停下來，樹下有一個神龕。孟尼說，他兒子曾說過他嬸嬸家後頭有一個神龕，這個神龕據說就是他所認得的。「那裡——」拉瓦博士轉了一百八十度，沿著街道指向一扇褪色的藍色大門，大約半條街的距離，「那就是他嬸嬸的房子。」所以神龕是在房子正面的後頭。換句話說，和你視線所及的其他房子比起來，神龕並沒有比較靠近那間房子的後頭。

印度這一帶的村莊千篇一律，使得孩子的某些陳述不太令人意外。「地板是石板。」「家裡養了母牛和公牛。」「房子有兩個房間。」像這樣的事實，隨便哪個村莊都有一堆家庭適用。當然，檔案中也記錄了許多特定的事實陳述，如果孩子沒有說謊，家人也沒去過前世的城鎮，這些陳述足以對抗邏輯解釋：「他有一個木頭象，一個牧牛神的玩具，和一個繫著一條鬆緊帶的球。」「他有一部黃色小車。」這就很難知道是怎麼來的。

幾個星期前，維帕爾的嬸嬸到過艾許瓦里的村子，但這是拉瓦博士第一次見到她。房子是標準兩房配置，就像這裡的大部分房子一樣，前面的房間只有三面牆。我們從旁邊經過時，彷彿是立體模型箱內正在展示家庭生活起居。一個幼童把玩著玉米芯，假裝是雪茄。一個女人堆疊著乾燥的牛糞。一個男人在刮鬍子。

拉瓦博士顧不得旁邊的人群，開始用錄影機拍攝那位孀婦。既然這裡連扇門都沒有，你也不能如何。我數出了五十五雙聚在一起的腳，大部分沒有穿鞋。我還瞥見破掉的褲子釦眼和紗麗，用管線膠帶貼起來。此時，拉瓦博士再次受到鼓舞。懷疑論者多半認為，金錢是捏造轉世最常見的動機，但在艾許瓦里的個案裡，現世家人送給前世家人的禮物（給遺孀的紗麗），和前世家人送給男孩的禮物（塞進他口袋裡的幾百盧比紙鈔）是一樣多的。

擁擠的群眾已經創造出自己的氣象系統，一股沉重黏滯的溼氣像糖霜一樣黏在你的皮膚上。艾許瓦里打著呵欠，然後把頭垂在母親的腿上。維帕爾的孀婦有著煙薰過的嗓音，和一隻壞掉的眼睛。整體而言，我對她的印象就是那種你走在路上會閃開不要撞到的人。拉瓦博士一次又一次地告訴她，只要敘述她自己所看見的事情，或聽見男孩對事件的說法就好。他問她孟尼提到的那段話：「孀婦，你真是死性不改。」她說男孩的確這麼說了，但維帕爾以前並沒有說過這樣的話。這個發言只表示了一件事，男孩相信自己是維帕爾轉世，是因為文化和他父母深信不疑，這實在不太令人意外。

比較難以解釋的，是維帕爾的叔叔迦拉（Gajraj）的說法，他是我們的下一位訪談者。迦拉是村裡的學校老師，一個嚴肅、頭髮半禿的男人，穿著白色的腰布褲和罩衫。「告訴我你所看見和聽見的。」拉瓦博士在茶和甜點送上來的時候這麼說，就在兩房之家的前廳裡。在出入口的上方，架著一對木頭羽毛球拍，看起來很像徽章上交叉的劍。一個小男孩站在我旁邊，用一片薄板為我們搧風。

「我剛從田裡回來，」迦拉說：「我一進村子，就聽見人們說：『維帕爾來了！』我很震驚。維帕爾怎麼可能來？那裡有兩、三百人。那孩子當時沒有說話。然後莫克什（Mokesh）被叫來。」莫克什是維帕爾的一位密友。「村長來了就問那孩子認不認得莫克什，孩子什麼也沒說。村長說：『他叫什麼名字？你湊著我的耳朵說。』然後他就這麼做了。我們都可以聽見他說：『莫克什。』」

「你親耳聽見？」

「對。」

「還有嗎？」

「他指著我然後說：『你是我叔叔。』」

「他有說出你的名字嗎？」

「沒有。」

他還說那男孩認得維帕爾的姊姊。「他說：『她是我姊姊芭拉（Bala）。』」迦拉和維帕爾的其他家人都是面無表情，口吻平淡，這令我相當不解。和艾許瓦里談話、會面的感情，不會多過肥皂購買習慣的市場調查。這小房間裡唯一的生氣來自那個搧風男孩，他精力旺盛，誇張地搧著八字型。（我還是很熱，但我覺得自己像是贏得印第五百賽車的冠軍。）如果我失去了我的兄弟或侄子，然後過了幾個月，突然相信他轉世成為附近村莊的一個男孩，我會滿懷感情與敬畏地去說這個故事。也許是錄影機讓他們害羞了。而且，憑良心說，我並沒有目擊和那男孩的第一次會面。艾許瓦里第一次與維帕爾父親會面的地方，是我們的下一站，布蘭夏哈村。

在訪談結束前，迦拉被問到是否相信這男孩是他侄子轉世。他說相信，而且還說這不是他第一次碰見轉世。「在我班上，我會一再地認得許多孩子。」

我們接著訪問了迦拉的兩個兄弟，他們似乎沒那麼相信這孩子是他們的侄子轉世。他們都表示，那孩子並不認得他們。

「你覺得呢？」拉瓦博士在訪談結束前問第三個叔叔。「你相信這男孩是維帕爾嗎？」那位叔叔穿著一件汗衫，一身是汗，看起來不太舒服。「我不知道。」

說印度教相信轉世，其實沒有什麼意義。天主教也「相信」吃聖餐的時候吃的是耶穌的身體，但有很多人把這個動作當真[3]。過去我一直認為，在印度的人相信轉世，就像天主教徒相信天堂一樣，大致上都是很抽象的。大部分天主教徒都不期望死後真的住在雲層之上，但他們可能相信一種抽象的死後世界，一個人在那裡過得舒適或匱乏，取決於他在世上的行為。

我花了一下午看了《摩奴法典》（*The Ordinances of Manu*）之後，開始改變我的看法。那是西元五百年以前根據《吠陀經》撰寫而成的一部法典。《摩奴法典》涵蓋了一切，從犯罪法（一個下層出生的人如果對上層出身的人吐口水，「國王會下令割掉他的嘴唇；如果潑水，就割陰莖；如果放屁，就割臀部」），到衛生保健法（「任何東西被鳥啄過、被牛嗅過……或打過噴嚏、或被頭蝨污染過，只要把泥土撒在上頭，就能恢復潔淨」）。而轉世也在其中。

在摩奴時代，轉世並不被視為一種抽象的宗教義理，而是一種具體的法律後果。現代的罪犯可能在鵜鶘灣服刑，而摩奴時代的罪犯可能會變成一隻真的鵜鶘來服刑。看看第十二章第六十六條：「偷火者會變成蒼鷺；偷家庭用具者會變成黃蜂；偷染布者會投胎變成一種叫做耆毘耆婆迦（jivijivaka）的鳥。」同樣的，偷竊絲、麻、棉、牛或糖蜜者，分別會投胎變成山鶉、青蛙、麻鷸、蠹蜥或婆瞿馱鳥（vagguda）。最慘的因果報應是給那些「褻瀆宗師座榻」的人。我不太清楚這指的是什麼，但我猜不是字面上的破壞家具，因為那不幸的不法者要承受的是「數百次投胎成為草、樹叢、藤蔓、吃生肉的動物……以及殘暴的動物。」同樣不智的是「拋棄其真理法規」的婆羅門，因為他必須投胎成為「藥叉持明焰口藥叉」（Ulkamukha），專食嘔吐物。

摩奴的玄想讓我不由自主地離題了，但我要說的重點是，自古以來，人們廣為接受轉世為生命實際的一面，而非寓意的一面。我這個星期遇到的村民，從不懷疑死者是否會轉世，就像我們不去懷疑死者是否會腐爛一樣。維帕爾反正得進入別人的身體，選上了艾許瓦里有何不可？我並不是說這些事件不是真的。我說的是，沒有村民願意以特別批判的眼光或耳力來評斷。而且，「一個人不應該故意接觸別人用過的軟膏」（《摩奴法典》，第四章第一百三十二條）。

維帕爾父母住在布蘭夏哈，在前往途中，我們經過一個不規則擴張的露天市場。在這個地方轉世重生到處可見。八輛老舊偉士牌的車殼置於機房外面的地上，等待著新引擎。鞋子換過鞋底，電風扇換過機芯恢復運轉。一個男孩牽著一台骯髒生鏽的腳踏車，椅墊已經磨穿露出金屬底盤，他牽到一個輪胎小販的攤子前，輪圈像手鐲般掛在樹間的繩子上。除了水果、幾包筆，和一排超現實的原始蹲式瓷馬桶，這裡賣的東西沒有什麼是新的。外部不斷更新，內部繼續使用。

維帕爾的父母住在距離卡馬普爾二十哩的地方，而艾許瓦里的父母也曾經住在附近。「就科學上來說，這兩戶人家的鄰近度是個弱點。」拉瓦博士說。一個小孩如果知道遙遠地方陌生人家的事，比起知道父母熟悉的村鎮人家，前者會是比較可信的轉世個案。其中可信度最弱的，是孩子為家族成員轉世的個案，這也是最常見的情況，偏偏史帝文生的紀錄裡有很多這類案例。在最常出現這類個案的文化中，家族內的轉世是被期待的，那是你死後會發生的事。對印度鄉下的人民來說，靈魂往往徘徊在稍遠一點的地方，但很少超過一百哩。

我問拉瓦博士為什麼人類靈魂這麼戀家？從我學到關於「星際」旅行的速度和方便之後，就以為靈魂可能偶爾會被推進、跳躍一個大陸之遠。拉瓦博士聳聳肩。「你在自己熟悉的地方會比較自在。你會比較容易投胎。」我想他說的有道理。

我想看看艾許瓦里第一眼見到馬坦（Mathan Singh）時會是什麼表情，據信馬坦曾是他的父親。然而我落在人群之後，錯過了這一刻，拉瓦博士也是。我們走進房間的時候，艾許瓦里正坐在那男人腿上。馬坦有一張容易親近、輪廓很深的臉。他很害羞，而且瘦到可以隔著罩衫看見他的膝蓋骨緊緊靠在一起的形狀。

「瞧那男孩坐到他腿上的樣子？」

「拉瓦，是他自己把孩子抱起來放到腿上的。」

「瞧那孩子看起來多自在？」

「他看起來就跟我昨天抱他的時候一樣自在。他是個自在的孩子。」

我正努力維持吹毛求疵的懷疑論者模式，卻感到有些事情發生了。我看著馬坦，不懂他為什麼沒有深深望著那孩子的眼睛分辨真假，也沒有試圖和他逝去兒子的靈魂溝通。我可能是在期待像《第六感生死戀》中黛咪．摩爾那一段，就是當她突然意識到死去的丈夫就在琥碧．戈柏身體裡那一刻。然後我注意到，雙手抱著孩子坐著聊天的馬坦，看起來很滿足。我這才突然想到，這個孩子是否擁有馬坦死去兒子的靈魂，其實不太重要。馬坦是相信的，而且這個想法釋放了他的悲傷，那才是最重要的。我還突然想到，我不會說印度話，並不知道這個男人在說什麼、感覺如何、相信些什麼。他可能正在說：「那些轉世的胡說八道。我從來就不信。」

我拉了一下拉瓦博士的袖子。「你可以幫我問他對這一切有什麼感覺嗎？」

拉瓦博士幫了這個忙。「他說他很快樂。他說：『我的兒子還活著，所以我很快樂。』」前世療法。

同時，在後門外，艾許瓦里的兩個母親一同笑著喝茶。我原本以為母親之間會有忌妒和敵對意識，但拉瓦博士說他很少看到。一切都只是用來舉行派對的快樂藉口。艾許瓦里的「現在母親」和他的「妻子」見面之後，總共又聚了五次，包括一次長達三星期的造訪。

一群穿著西式服裝的年輕人剛剛加入這個場面。其中一位自我介紹，他是納坦（Nathan），從德里來拜訪。印度的城市居民可能比較沒那麼相信轉世，於是我問了他的想法。

納坦環顧房間。「棒極了，女士！」

我在德里街上的第一天，一隻活生生的老鼠從頭頂某處落下。牠不是被丟出來的，因為牠是以垂直的路徑直接落在我面前，差不多就降落在我鞋子上。似乎只是單純的失足，在特定時刻，命運安排我來到這人行道上。這事件被我視為驚駭的千鈞一髮，閃過了可能的災難和頭皮受傷，是恐怖來襲與公共衛生匱乏的預兆。

「喔！」拉瓦博士驚呼。他跟我一樣驚訝，但我們反應有點不同。「你好幸運！老鼠是象頭神歡喜天（Ganesha）的座騎！」

這個小插曲令我思考。如果你信奉印度教到了某種程度，可以視從天而降的老鼠為吉兆，那麼你還有可能去駁斥轉世這回事嗎？尤其是當事證都指向轉世的時候？我懷疑拉瓦博士的客觀能力。他視他的研究為一種執迷，一種癮頭。「就像酒鬼對他的酒瓶一樣，我對我的個案也是。」我們第一次見面時他這麼說。那麼他是在研究轉世，還是只是在尋求有利的證據而已？他要怎麼保持中立？

我決定要問他這個問題。此時我們待在一個露天接待處，準備開始錄一個他朋友新開的轉世電視節目，節目中的主角遭到一群朋友和嫉妒的愛人反覆殺害，這提供了她充裕的轉世機會。我被安排負責打板（是的，穿著紗麗。）現在他們正在錄製片頭。導演拉進了一段隆隆作響、發音過度清晰的英文旁白：「正如人們拋棄損壞的衣物，換上新的，脫離肉體的靈魂也一樣，拋開損壞的身體，進入另一個新的……」

「身為一個印度教徒，」我說：「你相信轉世。這對於身為研究者的你而言，是否很難維持客觀性？」

「我生在一個相信轉世的家庭，」拉瓦博士承認。「不僅如此，我的家族中據說曾經有過轉世的例子。我很清楚自己可能在意識上和潛意識上持有偏見。」但他堅信，這反而會讓他更加謹慎。「所以我個人的信仰、個人的經驗，應該不會違背我的科學追求。我擔任的是批判者的角色，不是信仰者的角色。」

拉瓦博士相當篤定，他並沒有全盤接受印度教的教條。「我相信所有的宗教，但也都不相信。」他對我說著，一邊挑揀著盤子裡的印度炸菜餅。他在其中尋求意義與指引，還有排斥的東西。他進一步挑剔印度教對於儀式和奉獻一連串無止盡的要求。「浸身於一條特定的河流，認為只是泡個澡，就可以洗盡一身的罪惡，這完全沒道理。只要你與人為善，你就是最虔誠的人。」

一個上氣不接下氣的女孩遞出一本簽名簿，這打斷了我們的對話。「女士，我喜歡你所有的電影！」稍早之前，一個男人還問，和布希總統會面的感覺如何？顯然製作人發出的新聞稿中，對於我的事業充滿了誇張且錯誤的陳述。

拉瓦博士把自己對宗教教條的質疑歸功於父親。「他教導我們不應該只因為一件事被寫在經書上就相信它。」年輕的拉瓦在學生時代迷上了哲學，但被父親推往醫學領域。這下靈學成了折衷方案。

我相信拉瓦博士沒有誇大他個案中的事實，我也不認為他今天造訪的人捏造說法。這表示我相信維帕爾的轉世真的發生了嗎？未必如此。

我告訴你我認為發生了什麼事？一而再、再而三地，拉瓦博士會停下訪談，建議他們只要提到親自看見或聽見的事就好。他承認這幾乎不可能。再加上村民聽到的故事，無可避免地一路經過修飾才傳到這裡，這也不無可能。這是令人興奮的印度電話遊戲，也就是這遊戲，讓我成了與布希總統往來密切的電影明星。沒有人企圖說謊，但事實受到刻畫，而且變形了。

對於艾許瓦里的個案，拉瓦博士同意我的看法。「其中的確有一些令人不安的矛盾。」他說，一邊把雞豆弄在一小片烤餅上。「有些事情艾許瓦里並沒有想起來，但孟尼卻說有。即使是艾許瓦里自己說出來的，也可能是聽見父母談話後才挑著講的內容。這些都是很嚴重的陷阱。」

我問他對這個個案的整體意見。他拿餐巾按了按自己的嘴，靠回椅背上。「對這個個案我考量後的意見是，這並不是一個很有可信度的個案。」他提到這三個村莊的鄰近度。「他們彼此之間太接近了，我們不知道有多少資訊可以正常傳遞出去，」相對於不正常的傳播，「尤其是透過那個父親。」

孟尼的熱忱削弱了這個個案。「這非常非常扣分，大大的扣分，如果你的主要人物那麼熱切地想證明這是真的。」而他們往往如此。拉瓦博士往來的村民，都傾向於將模糊曖昧的說法視為證據。正如他所言：「他們會撲向任何東西！」

那一晚，拉瓦和他的太太，與電視製作人的兩個小孩，開車送我到火車站。他們送了我一堆禮物和一大袋印度點心讓我路上吃。拉瓦和他太太為我的脖子套上金盞花花圈，彷彿我是個神，而不是他們一星期以來面對的那個暴躁、不知感激的人。我擁抱了拉瓦，抱得太緊以至於兩人的上衣都沾上了花圈的壓痕。「我很抱歉……我不知道。我不是個很聽話的人。」

「沒關係。你只發了兩次脾氣而已。」

你不需要是個未受教育的村民，就可能相信像艾許瓦里這樣的故事，並失去你的理性。大約十年前，我在愛爾蘭鄉下有過類似的經驗。我在韋斯福德郡健行，科佛（Colfer）是當地常見的姓。我的祖母就姓科佛，而我正急切地想要找出我的愛爾蘭根源。有一天我看見一間肉店窗上有一個牌子：科佛肉店。我走進去問那肉販：「你姓科佛嗎？」

「是啊。」他說。三個鐘頭後，我坐在一間酒吧和九個科佛在一起，我的家譜就從啤酒杯之間延伸出去。有些人的名字重複了，正如愛爾蘭名字往往如此：凱瑟琳們、約翰們、瑪格麗特們。其中甚至有一個瑪格麗特曾經移居芝加哥，而我父親剛搬到美國時曾經和一個瑪格麗特阿姨住在一起。

我很清楚記得，即便意識到事實並不完全吻合，但就在人情緒高亢、觥籌交錯之際，那不對勁的感覺消退了。到了打烊的時候，我擁抱了失散已久的舅舅米克，並答應要保持連絡。新的親戚總是很新鮮、很迷人。那是一種迷醉，你就是想要向它投降。

六個星期後，回到家中，我祖母的出生證明從都柏林的登記總處寄來。她的出生日期比我想的還要早個十年。我的愛爾蘭「親戚」不過是酒吧裡友善的陌生人。我被捲進追本溯源的興奮之中，只聽吻合的事實和日期，忽略那些不吻合的。

在眾多轉世的維帕爾、諸位失散的米克舅舅之中，當然可能有真正的關連，和曾經活過的靈魂。對於那些耐心爬梳史帝文生龐大資料庫的人而言，其中還有很多是讓人抓著頭皮想不明白的：特別是那些難以歸因於巧合的具體陳述，而且其中沒有明顯的欺騙動機。

最近，我開始思考其中的機制，探索形上學和胚胎學的深奧混合。那些突然無家可歸的靈魂，如何讓自己進駐一個新的地方？更精確一點地說，靈魂如何把自己注入在子宮壁安靜繁殖的一團細胞中？你是怎麼進去的？

對於這個不可思議的時刻，過去的科學家和哲學家有一個說法，他們稱之為賦靈（ensoulment），而且為此論戰了好幾個世紀。如果國家科學基金會在一六〇〇年代就成立，一定會有一個財源充足的「賦靈研究所」，致力研究人類世代的奧祕，比如生命最初的火花何時發生，以及如何發生的。本書所涵蓋的研究，多半是探討一個人的肉體到達終線之時與之後會發生的事，但在跑道另一端花點時間也是合理的。

註釋

1 轉世的欺騙通常與文化和宗教的欺騙相互配合：海珊宣稱自己是巴比倫國王尼布甲尼撒（Nebuchadnezzar）；被逐出教會的摩門一夫多妻主義者、異教領袖哈姆斯頓（James Harmston）稱自己是約瑟・斯密（Joseph Smith，譯註：摩門教創始人），諸如此類。耶穌是最大的例外。在Google搜尋「宣稱自己是耶穌轉世」，結果出現多達三十一位耶穌化身的候選人，包括統一教的文鮮明，傳說他在教會的酒裡滴了幾滴自己的血，還有福永法源（Hogen Fukunaga），他是日本一個奇特的「腳底診斷」教派首領。福永先生同時宣稱自己是佛陀轉世。這其實沒什麼好驚訝，因為，根據新世紀作家威廉斯（Kevin Williams）的「耶穌轉世索引」，耶穌是佛陀轉世。

2 在某些記載中，母親不需要受到驚嚇，只需要盯著某個地方久一點。邦德森（Jan Bondeson）的《醫療珍奇檔案》（*A Cabinet of Medical Curiosities*）中記載了一個知名個案：十三世紀一位羅馬貴族女性生下一個有毛有爪的孩子，當局歸咎於她臥室牆上那幅油畫中的一隻熊。這事件使得教宗馬丁四世立刻下令銷毀所有熊的圖畫和雕像，表現得有點歇斯底里。

3 我們應該相信嗎？雖然我有天主教的成長背景，我還是參考了《彌撒儀式》（*The Celebration of Mass*），那是在梵諦岡之外能夠找到的詳盡天主教教義手冊。其中完全沒有說到聖餅真的就是基督，只明確表示是某種超過四分之一盎斯的未發酵麵粉。舉例來說，你不可以把放久了不新鮮的聖餅直接丟進垃圾筒裡。它必須由神父吃掉，除非已經腐臭到無法食用，那麼就會被燒掉，或神祕地「在聖堂中處理掉」。而最後，「如果有人吐出了聖餐，必須把那些物體蒐集起來放在合適的地方。」

2 精子裡的小人，或大腳趾頭裡的小人

以顯微鏡和手術刀追尋靈魂

你很可能低估了海膽的重大歷史意義[1]。一八七五年，一位名叫赫特維希（Oskar Hertwig）的德國生物學家，從他的顯微鏡下看見一個海膽精子鑽進一個海膽卵中，然後融合在一起形成一個細胞核。文明開化的人類花了六千年時間，才搞懂生命如何開始，而這榮耀歸於謙遜的赫特維希和他好色的棘皮動物。

科學家早就懷疑，人類生殖可能與卵蛋有關，任何養過雞的人特別懷疑這點。科學家還知道，人類的生殖和性交與精液有關，但除此之外，對於細節一無所知。主要的原因在於他們無法「看見」細節。海膽卵提供了兩個好處：一、它們是透明的，二、它們在母體外繁殖，也就是在海裡，有時候則是在某些德國佬的顯微鏡下。

這表示六千年來，有大量關於人類新生命起源的有趣思辯。最早且最透徹的思辯當中，有些是來自亞里斯多德。這位學識淵博的希臘人（我很有興致地讀到，他一輩子都口齒不清），他

認定人類精液會提供靈魂給新的個體。在那個年代，靈魂被視為一種煙霧或氣息，因為呼吸顯然和生命息息相關。亞里斯多德將靈魂命名為「普紐瑪」（pneuma），即希臘文的「風」。他相信普紐瑪是由精液攜帶，並安排了人類萌芽的開創。一旦進入子宮，普紐瑪就開始運作，以手邊現成的物質建造新生命，說得更清楚一點，就是用經血，即便這有點煞風景。亞里斯多德把這個過程描述成一種凝固作用，他貼切但不優雅地使用了一個類比：乳酪製造者用來凝固牛奶的牛犢胃內膜。新實驗「凝固」要花七天的時間，這段時間普紐瑪會注入三分之一的靈魂，此時的靈魂稱為生長魂（vegetative soul），正如其名，屬於初學者的階段，獲准學習成為人。此時的你是個會吃、會生長的東西：在馬鈴薯之上但未及人類的程度。

在第四十天，亞里斯多德推論，初始人體開始形成所謂的感覺魂（sensitive soul）。他說的「感覺」指的是「與感官知覺有聯繫」，因為四十天大約是胚胎的感覺器官開始出現的時候。再經過一段不特定長短的時間，普紐瑪會讓新生的感覺魂升級為理智魂（rational soul）。這是為人的最高階段，這種靈魂能夠超越獸性與情緒化，而且毫不在意那些嘲笑此精液說法的人們。

亞里斯多德提出這個看法之後，人類信奉了將近兩千年。而將卵子提升到該過程的領導地位的，是一位十七世紀英國醫生哈維（William Harvey）。哈維最為人所知的成就，是發現了血液在動脈、靜脈的封閉系統中循環，這是他由解剖屍體達到的功業，包括解剖了他姊姊的屍體。至於他在生殖上的開拓性成就嘛，你會很高興知道他放過了女性同胞。他轉向一群鹿，牠們謹慎地遊蕩在他老闆英王查理一世的土地上。身為亞里斯多德學說的信徒，哈維期望在解剖鹿的子宮時，能找到必要的凝固塊。但相反地，他驚訝地發現了初期的小鹿：他看到包裹在囊袋中的胚胎和胎兒，卻誤判為卵。哈維認為，卵包含了「所有活體」需要的成分。精液被降級到「傳染者」的位置，它促成人類的繁衍，就像病毒造成感冒一樣。

然而，做為人類生命力的靈魂，是如何進入到卵子當中？科學在此拋棄了哈維，而他則退回到宗教：「那是來自……天神，或太陽，或萬能的造物主。」

就像那時代大部分的生物學家一樣，哈維受限於設備。他無法看見細胞層級發生了什麼事。他看不見精子。他有放大鏡，但他需要的是顯微鏡。於是這一點也不太令人驚訝，下一個里程碑就落在列文虎克（Antonie van Leeuwenhoek）身上：這位熱愛顯微鏡的人。列文虎克並沒有發明顯微鏡，他也不是受過訓練的科學家。這個荷蘭人原本是個裁縫商的會計，之後成為荷蘭戴夫特（Delft）治安官閣下的「會議室總管」，這是誇張說法，簡單講，他負責整理會議室。這個職位給了他很多時間發展嗜好，不過他的嗜好只有一個：磨製鏡片以製造顯微鏡。列文虎克所製造的顯微鏡，比當時主要製造者的顯微鏡還要精良許多，於是很快就被「英國皇家促進自然知識學會」指名製造，那差不多就是今天的國家科學基金會。此外，皇家學會也開始出版列文虎克的書信，上面記載了他的新發現。列文虎克成了顯微鏡學的創始者，這個地位頗具歷史意義，但不支薪。

一六七五年，列文虎克發現了一個當時不為人知的生物小宇宙，大部分是細菌和原生動物，採集自他庭院中集雨桶內的幾滴濁水。他稱之為微生物。這個發現的驚奇與不可思議，實在是難以言喻。不如想想今日發現火星生物的科學家吧。列文虎克對此自然是心存敬畏：「對我而言，這是我從自然所發現的驚奇事物中，最讓人驚奇的的一個。我不得不這樣說，在我看來，沒有什麼比這一滴水中成千上萬的生物更令我高興的景象了。」

列克虎克勇敢地把他的儀器轉向自己。「我的牙齒不太乾淨……，」他寫道：「但有些東西黏附或生長在幾顆門齒和臼齒間，一些白色物質，像麵糊般濃稠。」他混合了一些這種麵糊和新鮮雨水，然後透過顯微鏡看著玻片。他發現微生物了嗎？你可以拿你的集雨桶打賭，他一定看到了。「住在全荷蘭聯邦所有的人，」他總結：「都沒有我自己口中的生物那麼多。」這是列文虎克對生物學之愛的證明，他可能會把齒渣的細菌描述為「非常美麗動人」。

為了進一步探索口腔動物群，以及配偶耐性的極限，列文虎克探入妻子可內莉亞和女兒瑪麗亞的口中。「我檢驗了……」一些從她們齒間用針挑出來的物質。」接著他徵募了一個老人，「他一輩子從沒刷過牙」，然後發現他的唾液中微生物數量正常，但齒間物質卻有「不可思議的大量活生生的微生物」。日復一日，現代口腔衛生的基礎就在列文虎克的鏡片下成形。他注意到「口臭」和「齒渣生物」之間的關聯。在李斯德林藥水尚未成熟的三百年前，他觀察到酒醋的接觸可以殺死唾液中的微生物，但卻「無法穿透牢牢黏附在前齒和臼齒間的所有物質，只殺死了白色物質最外層部分的微生物。」

皇家學會的會員有禮貌地關心列文虎克的口腔之旅，同時還鼓勵他繼續探索人體其他部分的黏液。他們尤其希望他檢驗精液。說不定可以看見人類靈魂的真實構造！列文虎克拒絕了。「他質疑書寫精液和性交是否得當」，魯斯托（E. G. Ruestow）在《生物學史期刊》（*Journal of the History of Biology*）的一篇文章中寫道。幾年以後，一個醫學生送給列文虎克一小瓶取自一位淋病患者的精液（嘿，謝啦！）。學生說他已經在裡面發現有尾巴的小動物，認為那可能和淋病有關。但列文虎克懷疑這一點，於是他動手檢查自己的精液。他在一六七七年的一封書信中，描述了自己的發現，列文虎克還小心翼翼地指出那物體是「夫妻交媾的剩餘」，而非「罪惡地褻瀆自己」的產物。

在那封信中，列文虎克展開第一次關於精子的科學描述：那微生物小到「一百萬個精子加起來都比不上一大顆沙粒的大小……。」他描述了在精液中游泳的情景，那顯然具困難度，他觀察到那些動物必須「搖擺牠們的尾巴八到十次，才能前進一根頭髮的寬度。」他附上八張「精液中的小動物」圖畫，有些尾巴是直的，看起來像帽針，其他是蜿蜒的正弦波尾巴，顯然正在與濃稠的浪潮搏鬥。

然後他開始踏上生涯中問題最大的那條路。他宣稱在精子體內看見導管網絡，並想像那正是人類所有器官的雛形。這種思維方式，即所謂的「預成論」，不僅受到了廣大的歡迎，也為今日胚胎學教科書中的文獻探討一節，提供了令人難以抗拒的圖像：包括古老的木板畫與雕版，描繪著精子裡頭有微小的人形，頭上腳下，膝蓋蜷在胸前，像是抱著肚子打瞌睡的偷渡者。其中之一的圖像可能影響了列文虎克。他曾經收到一位法國貴族普朗塔德（Francois de Planatde）寄來的信，信中附了兩張迷你人類在精子中的圖畫。在那幅畫裡，人類被畫在精子外頭，雙手交叉覆蓋私處站立著。他們頭上似乎是個小帽子或鉤子，令他們看起來像是可愛的人型手鍊飾墜。

列文虎克不曾在精子內尋找預成的人類，不過他曾試著剝開精子的「皮」，也開始相信人類就在裡面。他相信每一個精子都有一個靈魂，可能發展成為人類生命。（列文虎文不是第一個擁護這種想法的人。希波克拉提斯無疑是從早餐中獲得啟發，他認為卵是用來提供發育中的人類食用，卵一旦吃光了，嬰兒就孵化完成：把生命的誕生說得像是去採買雜貨一般。

列文虎克正是所謂的精源論者（spermist）。這個標籤暗示了還有卵源論者（ovist）存在，以提供精源論者在晚餐時的話題。事實上真的有。我從品托科瑞亞（Clara Pinto-Correia）所著的《夏娃的卵巢》（*The Ovary of Eve*）這本了不起的書中，讀到卵源論者和精源論者爭辯。她大膽身兼成功的文學家與受人景仰的發育生物學家。我不知道品托科瑞亞是從哪孵出來的，但很明顯是個比我好的地方。

卵源論者指出，卵子的圓球形狀剛好適合其偉大任務。那圓球狀正是星辰的形狀：上帝的完美形狀。（然而精子卻長得像蟲。）列文虎克採取不同的觀點。他不認為卵子的形狀是圓球狀，而認為那是顆粒狀。「我們不是可以看見所有的排泄物，無論是人類或動物排出的，都是由顆粒狀組成的嗎……？」他寫道。「而且……我們可以看見脂肪、膿，以及某部分的馬尿，也都是顆粒狀組成的。」這可是那位不願書寫精液的人所寫的。

卵子做為人類容器的主要缺點，在於它來自女人，在那個時代，女人（更加）普遍被視為次級的生物體。「如果卵源論者是真正的繁衍系統，那麼上帝正傳遞出一個複雜的訊息。」品托科瑞亞寫道：「祂把我們鎖在完美之中，然後又把完美鎖在不完美之中。」

關於精子優先的另一個論點是，它們會動。它們看起來就像是某種具有生命的靈魂。反過來說，如果精子是動物，那不就表示它會吃、會排泄、會交媾？品托科瑞亞的書中有一張精細的圖片，是由一位想像力過度的法國胚胎學家繪製，意圖呈現出人類精子中微小的消化系統。但如果精子卵化出人類，那麼是誰、或是什麼孵化出精子呢？果然，有不少理論爭辯著精子的功能。有些認為精子與生殖無關，而且猜測它們是睪丸疾病的病徵。有些認為那些扭動者的工作是負責刺激男性性交，可能是要引發某種生理的癢或不適。不過我寧願想像成一種伍迪艾倫式的團隊合作，透過小型傳聲筒在加油吶喊。

爭辯繼續，直到赫特維希的出現導正了一切。隨著受精的發現，問題的焦點變成了：靈魂何時進入了新生命，那團男人女人的細胞混合物？卵子與精子的神祕融合——受精，這便成為一個有邏輯的選擇，立刻取代了亞里斯多德對靈魂演進的觀點。

當代對於墮胎的道德性與幹細胞研究的爭論，重新激起人們討論「賦靈」（ensoulment）的時間點。我在這個議題上發現到最好的一本書，是由劍橋大學出版，福特（Norman Ford）所著的《人之初》（*When Did I Begin?*）。福特是一位倫理學家，也是天主教慈幼會的教士，他簡潔且相當優雅地辯論道，人格之賦予（即「賦靈」的通俗說法），必須等到不可能產生同卵雙生之後才開始：大約是受精後十四天。在這個時間點之前，受精卵都有可能變成同卵雙生。如果靈魂在受精之時就到來，那會變成怎樣？靈魂會分裂成兩個，一人分一半嗎？不會，福特反駁。在這個時間點之前，受精卵可能變成兩個個別獨立的人，故無法合理地視為一個人。「我主張，最好把那群細胞理解為人類的生物材料，而不是一個活的人類有機體。」他寫道。

至於十四天後，人格之賦予到底何時開始，就沒那麼明確了。有些人主張，到了第十四或十五天，會出現最初的性格和早期神經系統的痕跡。但沒有人能以科學為基礎，明確知道魂、靈、自我何時注入，或置入，或無論何種方式進入。也沒人知道靈魂由什麼所構成、存在於何處。甚至連靈魂到底存在與否，也沒有人可以確定。這又將我們拉回到基本問題上。

常常可以在阿姆斯特丹的肉店看到笛卡兒，他從那裡購買剛被屠宰的動物。當訪客要求看看他的圖書室，他會帶他們到一個房間，裡頭存放著解剖到不同階段的動物屍體。「這些就是我的書。」他會這麼說。

以上這段，摘自科學作家齊默（Garl Zimmer）的《血肉靈魂》（*Soul Made Flesh*）[2]，該書描述了哲學家笛卡兒較鮮為人知的一項計畫：破解人類機器的運作方式。笛卡兒對他的動物屍體做了一件特別的事：尋找靈魂。他假定靈魂就住在頭腦的某處，所以他最常翻閱的「書」就是牛的頭部。齊默寫到，笛卡兒在人生稍早的階段花了很多時間自我放逐，並「渴望獨處」。動物屍體一定幫了很大的忙。

笛卡兒是早期哲學家／科學家中少數在身體上研究靈魂的人，而且是真正打開身體去尋找靈魂。他最後提名了豌豆大小的松果腺（pineal gland）。對那些知道松果腺真實功能（調節褪黑激素的分泌）的人而言，這似乎是個不太可能的選擇。笛卡兒之所以受到誤導，可能是因為該腺體位在頭部中心，而且是腦部構造中少數不成對出現的。他並不認為這醜陋的腺體是靈魂本身，而比較像是一種中樞，做為感官資訊以及靈氣（spiritus，同亞里斯多德的普紐瑪）流動的交匯之處，負責為「自我」執行較崇高的任務。

笛卡兒虛構出一個詳盡的神經系統模型，有線、瓣膜，還有小風箱。他想像神經是管狀的，靈魂沿著神經流動，進入肌肉，藉由膨脹局部肌肉而引起肌肉收縮。在一篇題為〈靈魂之位：中古時代及其後之大腦定位理論〉（On the 'Seat of the Soul': Cerebral Localization Theories in

Mediaeval Times and Later）的學術論文中，神經學家古瑟（O. J. Grüsser）寫道，笛卡兒的系統模型其實是座風琴，當時適逢風琴的全盛時期，因此非常普遍。古瑟補充，十五個世紀之前，希臘醫生蓋林（Galen, 129-216）的靈魂流動系統正是奠基於羅馬澡堂加熱系統的力學。接下來，哲學家大阿爾伯圖斯（Albertus Magnus, 1200-1280）從白蘭地蒸餾設備得到啟發。就這樣繼續下去，進入二十世紀，錄音機和電腦取而代之，成為意識運作的模型。

幾年前，我和一位電腦教授品克斯（Betty Pincus）通信，她已經研究這個領域四十多年。「有些同事會借用專業詞彙來形容心智運作的方式，總是讓我覺得很有趣。」她寫道：「在六〇年代，他們會說『沒帶子了』或『她的計算機溢位了』。隨著科技改變，變成『沒硬碟空間了』或『多工處理』。我常在想，這些機器的發明者，到底是根據他們所想像的心智運作來創造這些機器，還是在創造出機器之後，才把機器和心智連結起來？」

關於科學家在屍體中四處翻找靈魂一事，我又找出兩個參考例子。一個來自《米大示》（*Midrash*），那是古代猶太教士對猶太律法（Torah）的註解總集。《米大示》中提到一根不可毀滅的骨頭，叫做魯茲骨（luz）。魯茲骨的形狀像雞豆（或杏仁，取決於你聽信哪個拉比的說法），位於脊椎頂端（或尾端，取決於你聽信哪個拉比的說法）。《米大示》說，一個人在死後會從這根骨頭開始重新被捏製。那是靈魂之骨。

《米大示》引述了猶太律法中的一個實驗，證明魯茲骨的不可滅性。這個實驗計畫由哈納尼亞（Joshua ben Hananiah）拉比負責，他面對羅馬皇帝哈德里安（Hadrian）的質問：「證明給我看。」據引述哈德里安是這麼說的。於是拉比就這麼做了。「他命人帶來一根……」彷彿他只是回頭叫某個屬下：史麥塔！帶一根魯茲骨過來！」「他把骨頭放進火中，但骨頭沒有燒起來，他把它放進磨裡，但它沒有被磨碎。他把它放在鐵板上用鐵槌敲，結果鐵板裂了、鐵鎚斷了，但這一切對骨頭一點影響也沒有。」

不用說，幾個世紀以來還有更多魯茲骨的相關討論，尤其是當解剖科學在中古時代得勢時，解剖學家還努力要找出魯茲骨的所在。他們欽點了尾骨、薦骨、第十二節脊椎骨、頭顱的骨縫間骨、大腳趾的小種子骨等等。當然，這些骨頭全都很容易就毀壞了，解剖學家最後決定，這件事還是留給哲學家比較好。知名的文藝復興解剖學家維薩里（Vesalius），在花了一個下午挖掘出一組種子骨之後，大致放棄了這件事，他在《人體結構》（*De humani corporis fabrica*）中寫道：「關於右腳大腳趾內部骨頭的奇蹟與超自然之力，我們不該再賦予任何重要性。」

現代猶太律法中的魯茲骨相關論述，就比較難取得。在一個叫做「詢問拉比」（Ask the Rabbi）的網站上，一個來自巴黎的猶太割禮執行者，張貼了一封電子郵件，詢問魯茲骨的相關資訊。拉比的回答確認了那骨頭所據稱的不可毀滅性，並補充說它曾被描述為「內部具有纏繞的蜘蛛網般的血管。」拉比建議那位割禮執行者可以去找巴黎的坦姆斯泰（Eli Temstet）博士，以獲得更多資訊。我e-mail給那位割禮執行者，詢問他的發現。「巴黎的坦姆斯泰博士已經到更好的地方去了，」他這麼回答：「現在他一定知道魯茲骨是什麼、到底位在哪裡。」我寄出一封信到「詢問拉比」。有沒有關於魯茲骨的蜘蛛網狀血管的文獻資料呢？拉比並沒有「回答作家」。我查閱了一本關於猶太法典醫學的書，但沒有提到任何靈魂之骨的蜘蛛網血管[3]。

第一個在人類屍體中找尋靈魂的人，是西元前第三世紀亞歷山卓城的醫師希羅菲盧斯（Herophilus）。希羅菲盧斯被認為是史上第一個為了科學研究解剖人類屍體的人。他獲得大量的解剖發現。其中之一是腦的四個房間，也就是腦室（ventricles）。他相信靈魂的總部就設在第四室。為什麼希羅菲盧斯要在死人體內尋找靈魂，尤其是當埃及人相信有一個供靈魂隱退的死後世界[4]？我沒有肯定的答案，但我可以告訴你，謠傳希羅菲盧斯也解剖活人。兩位同儕指控他對上百個罪犯進行活體解剖。也許他對靈魂的抱負，能夠解釋他可怕的餐桌禮儀。

如果你的目標是找出靈魂，那麼以活體進行實驗，應該遠比從屍體下手來得有道理。最簡單的計畫是，有系統地弄亂或切除可能的構造，或使之失去功能，然後等著看生命之光是否熄滅。然而，大致上這些已經做過了。和笛卡兒一樣，大部分科學家都將火力集中在腦部。（更早之前，人們觀察到頭部受損而造成性格改變，因而聯想到腦部可能和自我〔self〕有關聯。）蓋林是最早的神經解剖學家之一，他拿鄰居的豬做實驗，把神經切斷後再接上去。根據這項實驗，他認定靈魂位於腦部的物質當中，而非希羅菲盧斯所斷言的位在腦室中。

達文西進一步縮小範圍。一九九六年，麥吉爾大學（McGill University）神經外科教授馬耶司托（Rolando Del Maestro）策畫了一個展覽，名為「達文西：靈魂探索」。馬耶司托在展覽資料中描述了一份一四八七年的手稿，手稿中達文西記下自己在一本講迦太基之戰的書中，所讀到的一段文字。這段文字正描述殺死一隻受傷的大象最快的方法：從大象雙耳之間脊柱頂端敲入一根木樁。受到好奇心驅使，達文西以同樣的手法破壞了一隻青蛙的脊髓。「那青蛙在脊髓被穿過之時立刻死亡。」馬耶司托引述道，達文西似乎是這麼寫著：「但之前牠沒有頭、沒有心或任何內臟、沒有腸、沒有皮膚都還能活著。因此，這裡似乎正是活動與生命的基礎。」（我想他的意思是：那些被剝皮、去除內臟、沒有頭、沒有心的青蛙都還活了「一會兒」。）

有一個尋找靈魂的科學家，把這種「切片之後加以觀察」的殘忍實驗，用在活人身上。佩洛尼（Gigot de La Peyronie）身兼國王的外科醫師、法國皇家外科學會的創辦者，他的確可以為所欲為。一七四一年，他發表了一篇論文，題為〈靈魂在腦運作之觀察〉。對象是一個十六歲的男孩，他的頭顱被岩石敲裂。在三天的惡化症狀之後，陷入昏迷。佩洛尼「打開他的頭」，在腦部深處找到一個膿腫，位在胼胝體（corpus callosum）。他清潔傷處，小心測量排出物，其量為「大約一個雞蛋大小」。佩洛尼寫下，胼胝體裡的濃液（pus）[5]一旦被排乾，男孩立刻轉醒；當凹處又充滿滲出液，男孩再度陷入昏迷。再次排空，男孩再度轉醒。佩洛尼推論胼胝體一定是靈魂的所在。為了加以確定，佩洛尼決定進行一個實驗。他把生理食鹽水灌進注射筒中，然後直接注射在剛排乾的傷口處。正如預期，男孩陷入昏迷。當佩洛尼把水抽出後他又恢復意識。

佩洛尼一共從三個病人身上找到其推論的證據，他們都陷入昏迷，並死於頭部創傷，之後進行驗屍解剖，在胼胝體附近發現膿腫，其中一個膿腫，是一位士兵被馬踢傷所致，在此再度被描述為「雞蛋的大小與形狀」——顯然這是當時描述大小的基準。

驗屍解剖的結果，也讓佩洛尼能夠排除笛卡兒以松果腺為靈魂居所的主張。佩洛尼針對一些松果腺體整個消失、或已經硬化的病人進行驗屍解剖，並以法文宣告：「她並不住在松果腺裡。」我發現在佩洛尼的著作和行為中，瀰漫著相當程度的傲慢自大。真希望他知道，在今日，以美國人眼中的法國歷史名人而言，佩洛尼的知名度還不如紅磨坊的「放屁藝人」佩托曼（Le Petomane）[6]，雖然他實在不應該有什麼知名度。

佩洛尼是最後一個孤獨堅持以解剖研究靈魂的人。大部分早期的神經解剖學家已經發現，自我實在太複雜、太多面向，不會是由單一生物實體負責收容與操作的。就像戈巴契夫之後的蘇聯，原來看起來廣大且制式的靈魂，開始分裂成較小的共和體。科學家展開了一連串令人不悅且往往互相矛盾的動物研究，將活生生的腦袋烙製、融化、切割，並從屍體解剖中尋找腦部異常及其相對應的主要性格特徵，試圖找出大腦不同部位所專司的任務。這類研究至今仍在進行。

在早期腦地圖繪製者中，沒有人像維也納醫師蓋爾（Franz Joseph Gall）做得那麼透徹詳盡。蓋爾宣稱在人腦中找出了二十七個不同的「器官」，每一個都對應著特定的屬性與能力。

據說他是個有才華的醫生暨解剖學家，成功鎖定了腦部語言中心以及文字記憶區。但他的其他「器官」就比較有問題了。舉例而言：「賦詩才華器官」、「形而上學器官」，以及我個人最喜歡的：「擁有財產與囤積食物本能的器官」。蓋爾的器官讓教會對他相當不滿，把他貼上異教徒的標籤，因為他倡導人類擁有多個靈魂，但蓋爾否認這項控訴。

蓋爾不依循傳統的方法論，因而有點走入歧途了。由於腦部腐化快速，無法長期研究，於是蓋爾轉而檢驗頭顱，活人和死人都有。他推論，如果腦部的某個器官特別發達，會對顱骨產生壓力，形成隆起，穿過頭髮就可以看見或感覺得到。（骨相學，即他的理論中大受歡迎的部分，使人們互相摸著頭，也要求蓋爾幫忙摸，煩了他好幾十年。）他蒐集了二百二十一個頭顱，全都跟著他一起去巡迴演說，讓搬行李的人痛恨不已，也嚇壞了多事的旅館服務生。根據最後一次計算，他擁有一百零二個人頭石膏模型，其中有許多是他自己製作的。那些石膏模型出自他在旅程中遇見的人，他們的性格都有一、兩項特別明顯的特質，頭顱也都在適當的地方隆起，成為蓋爾理論的證據。例如第5491號頭顱，屬於威拉曼先生，他是一間可攜式製氫器[7]公司的管理者，其頭顱在「商業能力、施工、建築器官」上方呈現出一個顯著的隆起。

蓋爾相當熱衷於他的收藏。舉例來說，為了得到「謀殺與肉食傾向器官」的樣本，他往來監獄，尋找耳朵上方有隆起的殺人犯。

對蓋爾和他的石膏像而言，精神療養院是另一個收穫豐富的地方。蓋爾的收藏品目錄中，有幾十個是像第５４９４號一樣：「一個完全白癡的頭顱石膏複製。」[8]

在「賦詩才華器官」方面，蓋爾靠的是愛撫偉大詩人的大理石像。至於「上帝存在信仰器官」位置的證據，蓋爾提出拉斐爾的畫，其中基督看起來在頭顱骨頂端有顯著的隆起，彷彿撒旦用三叉戟戳了他的頭。蓋爾瘋了嗎？有可能。以下是他對「繁殖本能器官」的證據。他認識一個年輕的鐘錶匠，當他「手淫射精」時會短暫失去意識，頭部抽搐運動，後頸部劇烈疼痛。「這想法揮之不去，」蓋爾在《腦的功能》（*Sur les fonctions du cerveau*）中寫道：「生理性慾功能和後頸腦之間，一定有關聯。」這麼說的話，也許劇烈的頭部抽搐真的和脖子痛有關。

做為「繁殖本能器官」的進一步證據，蓋爾指出，一個年輕寡婦承認她從小就感受到「無法拒絕的強烈慾望」，而在這些時刻她的後頸會發燙。蓋爾描述道，在其中一次發燙慾望的情況下，他把手放在年輕寡婦的後頸，然後發現「一個非常可觀的圓形隆起」，那可能只是房間裡數個隆起中的一個。

蓋爾收藏的１９．２１６號，正是蓋爾自己的頭顱。蓋爾的門徒歐汀（N. J. Otin）寫道：「在枕骨處，性的傾向非常顯著。」

自蓋爾時代起，靈魂開始從解剖學和神經學的範疇飄移開來，進入空靈的領域：宗教、哲學、靈學。醫學家受夠靈魂了，不過尚有個非常奇怪的例外。

註釋

1 你也可能低估了海膽的一切。譬如說，《大英百科全書》就告訴我們，有些海膽會用牠們頂端有吸盤的小腳吸住頭頂的海草，看起來就像陽傘的形狀。此外，牠們的牙齒可以鑽進石頭，開鑿出一整個供自己使用的居住空間。那些牙齒很難被看見，因為海膽就坐在牠們的嘴巴上。也許是因為牠們對自己「被稱為亞氏提燈（Aristotle's lantern）的複雜口器」感到害羞。有一種海膽有脊椎，可以拿來當做鉛筆，可惜不是被海膽拿來使用。

2 齊默的書是關於神經科學的起源：人類第一次打開頭部然後弄清楚腦袋如何運作。齊默曾經編輯過一則我的故事，發表於《發現》雜誌（*Discover*），「發現」可能是他持續身處的狀態。這傢伙比我認識的任何人都要聰明。如果你可以打開他的頭部，他的腦一定會像安全氣囊一樣爆出來。

3 我的失望並沒有持續太久，因為這是一本令人歎為觀止的書。裡頭有詳盡的猶太法學觀點，關於「是否養牛者必須因為他的牛用陰莖撞壞人家的東西而進行修復賠償」（尚未決議）；關於無法容許用「狗的口鼻部」清潔肛門；關於「一個女人在另一個女人陰道中置入墮落動物的肉之不端行為。」還描述了「長毛的心」（hairy heart），和長期子宮出血的治療法（取三份波斯洋蔥，在酒中煮過，讓她喝下，並對她說：「停止出血！」）。

4 根據我蒐集的資料看來，埃及人的死後世界是個相當貧瘠的地方。埃及人常常造訪家族的特定用地，提供亡靈食物、衣服和廚房用品。根據品托科瑞亞的說法，有些墓地甚至為ka（靈魂）配置廁所設備。死後還是會小便，似乎是個相當普遍的信念。品托科瑞亞指出有件陪葬品似乎傳達了某種焦慮：當食物儲藏不夠時，靈魂可能會轉而仰賴自己的排泄物。

5 我偷偷學到法文的「膿」怎麼說，對十八世紀的貴族也一樣：就是「le pus」。

6 我覺得不該在這裡提到佩托曼以後，又馬上在同一個句子把他拋棄。我以前一直以為，那些流行歌曲真的是用他的人體管樂器來表演的。但我從「內線情報」（The Straight Dope）專欄作家亞當斯（Cecil Adams）那裡得知，本名喬普球（Joseph Pujol）的佩托曼，若不是靠陶笛的協助，根本只能發出四個音。這倒不是在貶抑他直腸的才華。普球可以把一支菸抽到剩下菸屁股（或用他的屁股抽，或兩者一起來）、抽雪茄、吹蠟燭，也可以像噴泉般對空噴水好幾呎。

7 在Google搜尋「可攜式製氫器」（portable hydrogen gas generator）時，我發現一個稱為「使用可攜式氫氣分析儀探測腸氣」的研究，顯然是此裝置的新奇應用。作者將機器的取樣管貼在二十個腸胃手術後病人的臀部，用來檢測排氣，那是他們的消化管恢復運作的好徵兆。氫氣是腸氣中的主要成分。基本上，你我都是製氫器，只是屬於比較不方便攜帶的機型。

8 直到一九五九年之前，「白癡」（idiot）和「瘋癲」（lunatic）在英國都被認為是診斷用語。「低能」和「癡呆」也是，同樣被列入一九一三年心智缺陷法案（Mental Deficiency Act）的官方目錄中。關於拋棄過時的弱勢者用語，英國在這方面總是有點落後。（一九八〇年代我在那裡的時候，當地販售二手衣物的商店仍舊叫做「痙攣商店」（Spastic Shop）。）相較之下，在美國，從診斷上的修辭變成談話中的失言，只要二十五分鐘。

3 如何測量靈魂的重量

一個人（或老鼠、水蛭）在秤上死亡時會發生什麼事

那是個漂亮的往生之地。位在藍丘大道的葛洛夫館（Grove Hall）是麻州多切司特的一處景觀，四層樓高，擁有柱廊和慵懶的樹蔭。這裡曾是富商瓊斯（T. K. Jones）的宅邸，他從事中國貿易。一八六四年，一位叫做庫利斯（Charles Cullis）的醫生兼信仰療法實踐者買下這座宅邸，轉為肺癆之家，做為收容肺結核（即肺癆）晚期病人的慈善機構。在發現抗生素六十年前，禱告的效果和當時提供的任何療法是一樣的。肺結核病人照慣例被打發到療養院，表面上是為了參與共同「治療」，但主要是為了避免傳播疾病。

如果你在一九〇一年四月造訪肺癆之家，你可能會親眼目睹一項古怪的任務。一位身材圓胖、看起來很溫和的三十四歲男人，帶著金屬框眼鏡，頭髮不若以往豐盛，他正俯身在一個裝飾華麗的費式秤（Fairbanks scale）的秤台上，釘製一個木頭支架裝置，還有個看起來像行軍床的東西。這是個特大號的商業用秤，拿來秤絲綢的，毫無疑問是瓊斯經商時期的遺跡。

某件不尋常之事正在進行中。在肺癆之家，即便體重減輕是普遍的現象，但沒有人會需要一個商業用秤來追蹤體重。

手拿槌子的人是麥杜格（Duncan Macdougall），一個受人尊敬的外科兼內科醫師，他住在自己的宅邸，位於哈佛山附近。麥杜格和肺癆之家的主治醫師很熟，但他本身不是僱員。他也沒有治療過任何病人，或為他們祈禱。事實上，他在等待他們死亡，或許還有些迫不及待。

麥杜格先前花了四年時間籌備這項計畫，要證明人類靈魂的存在。如果真如大部分宗教所相信的，人在死亡時會丟下肉體，然後以一種靈魂的形式繼續存在，那麼這個靈魂不必占用空間嗎？麥杜格寫道：「把人格和意識歸於某個不占空間的東西，那是不可能的。」他推論，如果靈魂占有空間，那麼一定有重量。「這個問題浮現心頭：為什麼不測量一個人死亡那一刻的重量呢？」如果秤桿動了，肉體減輕了即使一盎斯，他推論，這減輕的重量可以代表靈魂的離開。

麥杜格得助於兩位同儕史普羅（Sproull）和葛藍特（Grant）醫生，他們選擇不在這篇研究論文上留下姓名，也可能是根本沒被邀請。這計畫是在秤台上裝置一張小床，然後在床上安置一位瀕死的肺癆患者。肺癆的死亡過程是平緩安靜的，如麥杜格所言，「精確優雅」，正符合他的要求。「肺癆患者久病之後耗盡精力，死時幾乎不會干擾到秤桿，他們的身體也非常輕。而且一個肺癆患者死亡要花上好幾個小時，可以讓我們事先準備好。」對於他的熱忱，我同時感到一點可愛與不安。我想像他在尋求志願者時，對著病房演說的樣子。（麥杜格在《美國生理研究學會期刊》寫道，他在實驗對象死亡前幾個星期就取得他們的同意。）「你們各位對這個計畫而言真是太完美了。A，你很好抬，B，你走的時候其實是昏迷的……。」誰知道肺癆病人會聽到什麼，或許他們的心神飄得老遠，根本不知道他在問什麼。

一九〇一年四月十日，下午五點三十分，第一號病人瀕臨死亡，麥杜格稱之為「我的機會」即將來臨。一個中等體型而且有「標準美國人體溫」的男人，被人用輪椅送出病房，然後抬到秤上，像一篩子的絲。麥杜格喚來他的搭檔。整整三個小時又四十分鐘，這些人看著那人死去。沒有一般病床邊的悲傷和惋惜，取而代之的，是這些人屏氣凝神，專心地期待。我想，你可以在NASA倒數的工程師臉上看見同樣的表情，可能還有兀鷹。

一位醫生看著這個人的胸部，另一位觀察臉部的變化。麥杜格自己專心盯著秤的指針。「突然之間，與死亡同步，」麥杜格寫道：「秤桿尾端落下，伴隨著可以聽見的聲響，它降到較低的刻度，而且維持在那裡沒有回升。減輕的重量明確記錄為四分之三盎斯。」是的，剛好是二十一公克。好萊塢為了一個單純的理由轉換度量衡，因為二十一公克比較好聽。誰要去看一部叫做「〇點七五盎斯」的電影？[4]

---

[4] 編按：我們的片商也有很好的理由把片名譯做《靈魂的重量》（*21 Grams*）。誰會想看一部名叫「二十一公克」的電影呢？

多年來，麥杜格在五個病人身上重複這個實驗。一份論文彙整了他的發現，並刊登在一九〇七年的《美國醫學》（*American Medicine*）期刊上。之後幾個月，許多半信半疑的醫學博士開始批評，寫了長信給編輯。麥杜格全部加以駁斥。一位來信者指出，括約肌和骨盆底部肌肉會在死亡時放鬆，因此減輕的可能是尿液和（或）糞便。麥杜格耐心地回覆，如果是這樣的話，那些重量還是會留在床上，因此，也留在秤上。有人表示，臨死病人最後吐的氣可能造成重量減輕。為了證明並非如此，麥杜格興致勃勃地爬到床上「盡可能用力地」呼氣，史普羅負責看著秤。沒有觀察到任何改變。

最可能的嫌犯，被稱為「無感減輕」（insensible loss）：汗水蒸發與呼吸中的水氣逸失使得體重持續減輕。麥杜格宣稱他已經計算了這個部分。他寫道，他的第一個病人失去水氣重量的速率是每小時一盎斯，以無感減輕來解釋死亡時突然下降的四分之三盎斯，這實在太慢了。

歷史上研究無感體重減輕的權威，是一位叫做散克托留斯（Sanctorius）的帕度瓦生理學家。他被認為是「新陳代謝平衡研究的創始者」，在一六九〇年一本頗具娛樂性的書籍《靜態醫學》（*Medicine statica*）中創造了「無感蒸發」（insensible perspiration）一詞[1]。為了幫助研究，散克托留斯設計了一個實驗用秤。他在巨大的提秤上掛了一個平台。平台上放了一張板凳，板凳中央挖個洞，下面放了水桶，平台前立了一張餐桌：發件箱和收件箱。散克托留斯坐在平台上享受一頓大餐，然後在秤上隨意坐了八個小時，需要的時候就利用水桶。然後他測量「消化排泄物」的重量，順便觀察一些無關的現象：「粗的比較輕而且浮起來。」散克托留斯發現，有一小部分的食物重量沒被算到，也就是說，不在水桶裡。他把這些重量歸為汗水蒸發和呼出的水氣，統稱為無感蒸發。

散克托留斯的計算是，一天攝取八磅的肉與飲料，會產出五磅的無感蒸發，或平均一小時三盎斯的汗水和呼氣逸失：速率是麥杜格所觀察到的三倍。散克托留斯還描述了「一餐八磅重」的消化作用[2]。不過，散克托留斯時代肉汁滿溢的大食客，和麥杜格乾瘦的肺癆病人之間，顯然沒有什麼相同之處。我往前跳到第六章，這一章全都是關於過度性交對無感蒸發的影響。散克托留斯有個奇怪的習慣，喜歡以格言的形式介紹他的發現。例如，「格言三十九：像狗性交的人體姿勢是比較有害的，相較於單純的射精，因為後者只會使內部疲倦，而前者則同時讓消化道和神經疲累。」或「格言四十：在一餐後站立性交是有害的，因為那會在一整頓食物之上，干擾消化部位。」散克托留斯宣稱，由於干擾到無感蒸發，過度性交會導致所有的問題，從「眉毛到關節的顫動」，到眼膜硬化，這一點我猜是「手淫會讓你瞎掉」的迷思來源。散克托留斯倡導適度肉慾，這似乎相當掃興，尤其書中還積極提倡生蠔為「最佳營養來源」。

為了找出無感體重減輕的真相，到底是如麥杜格計算的一小時一盎斯，還是三盎斯，我打電話給美國現代的散克托留斯——拉弗辛（Eric Ravussin）。拉弗辛目前在巴頓魯治的「潘寧頓生化醫學研究中心」（Pennington Biomedical Research Center）工作，他曾經在國家衛生研究院進行新陳代謝密閉研究。他也測量了睡眠中的無感水分流失，將志願者安置於密閉室中平台秤的床上。他的發現和麥杜格接近：大約一小時一盎斯。麥杜格是對的：很難想像無感水分流失會是瞬間下降四分之三盎斯的力量。

拉弗辛不知道到底是什麼造成突然的體重減輕。他介紹我看克雷柏（Max Kleiber）寫的《生命之火：動物能量學介紹》（*The Fire of Life: An Introduction to Animal Energetics*）。雖然對我而言有點艱澀，但書中有些地方還是跟散克托留斯的書一樣有趣，譬如說，我們學到「婆羅門母牛的超大陰道實際上也是個散熱的器官」。在相近的脈絡之下，舒密尼爾森（Schmidt-Nielsen）「觀察到駱駝直腸溫度會在一天中從三十四點二度升到四十點七度」，但嚴格來說，我很懷疑光是觀察就能得到這項結論。有時候你必須親自動手，如克雷柏在一九四五年親自計算「放牧母牛的無感體重減輕，以嘴套防止牠們攝取水分和食物，並蒐集所有的糞便與尿液然後秤重。」我快速讀過這本書，尋找死亡時突然重量減輕的例子，卻什麼也沒找到。一個人也只能做到這麼多了。以克雷柏的話來說：「如果我們堅持要用蛋來滿足所有的能量需求，我們很快就會到達盡頭了。」或是到達某種狀態。

我們要怎麼解釋麥杜格令人困惑的發現呢？我有一些理論可以提供給你參考。

第一個理論：麥杜格是個瘋子。我之前是瘋子理論的支持者，因為看中了麥杜格是麻州順勢療法醫療學會（Homeopathic Medical Society）的會員。他的醫學院論文主題是「同類法則」（Law of Similars），這是順勢療法的基本原則，基本上就是同類相治（Like Cures Like，或以毒攻毒）。我不知道順勢療法今日發展到什麼程度，但回溯到這運動的初期，那根本是個瘋子集散地。順勢療法者的聖經《實用藥物學字典》（*A Dictionary of Practical Materia Medical*），是一部三冊概論，包括植物、動物和礦物，以及你攝取之後會產生的症狀，這是順勢療法者常做的事，也許可以歸因於瘋狂狀態。其中心教義是，讓健康的人產生某種症狀的物質，也能治癒類似症狀的疾病。早期的順勢療法者，以他們能夠取得的所有物質，花費長年時間幫自己和病人和朋友配藥，並小心分類症狀。我無法擔保該運動對治療技術的貢獻，沒有控制組或安慰劑[5]，這本書對現代研究標準而言是無意義的。但我必須推崇他們在語言上的才華。舉例來說，礬土會造成「夢見馬、爭吵、煩惱，或臉部的刺痛，彷彿臉上覆蓋一層乾掉的蛋白。」黃荊（agnus castus）引起「鼻前氣味，像是鯡魚或麝香」和「虛弱的勃起」，以及，不用說也知道，「巨大的

[5] 編按：不對人體產生作用的物質，做為對照實驗用。

悲傷」。然後還有洋甘菊，據說會引發的症狀是「無法對醫生有禮貌」。

但是麥杜格在一八九三年就讀醫學院的時期，順勢療法並不算是醫學的邊緣分支。全國大約有一半的學校，包括麥杜格的母校波士頓大學，都在教順勢療法。（波士頓大學在一九二〇年代早期取消了這個課程。）重點是，在麥杜格的時代，許多主流醫生採用順勢療法。

關於麥杜格一板一眼到近乎瘋狂的眾多例子，也打擊了這敏感薄弱的推論。他在波士頓大學身兼班代表和演講代表。一九〇七年《波士頓週日報》（*Boston Sunday Post*）有一篇文章明白表示，麥杜格既不相信唯心論，也不相信靈魂現象。一篇《哈佛山晚報》（*Haverhill Evening Gazette*）的文章中描述他為「冷靜且務實」。萊恩（Greg Laing）是哈佛山公立圖書館歷史室主管，他想起小時候曾經和家人一起造訪麥杜格的家人，於是我問他這位好醫生有沒有可能是個瘋子。（麥杜格當時已經死了，但他的遺孀和兒子都還在。）「老天，不，」萊恩說：「他們是非常嚴肅拘謹的人。老實說，他們沒有不為人知的傾向。」我打電話給奧麗芙．麥杜格，她是麥杜格唯一孫子的遺孀。雖然她的丈夫並不認識他的祖父，但她斷言這家人絕對沒有神祕的傾向。她的公公，也就是麥杜格的兒子，是個銀行家兼律師。

為麥杜格在報紙上寫訃聞的人，試圖在他身上混充一點歡樂，但沒什麼用：「他在病房中很令人愉快，還留下一些鼓勵的話語，至今仍在病人之間流傳著。其中一些話是：『別擔心，女孩，一切都會沒事的』，還有『你不要太擔心，就會更快好起來』。」

麥杜格不是個瘋子，但也不是個夢想家。我猜，他其實是個需要被注意的懼內小男人。萊恩把麥杜格的老婆瑪莉描述為「一隻巨大的戰斧」。（也許是個愛喝洋甘菊茶的人。）「我不認為她對丈夫的計畫有絲毫尊重或興趣。」麥杜格在工作中得以自由揮灑。就我所知，麥杜格喜歡連絡當地的報社，只為蒐集任何可能的桂冠。「麥杜格博士成為詩人」，這誇張的標題是報導他的一首彆腳打油詩被登在《生活雜誌》（*Life*）上。「麥杜格博士贏得美名」是另一項吹噓，當英格蘭海軍同意讓皇家海軍樂團演奏他彆腳的樂曲〈英國水手之歌〉（The British Tar's Song）。（麥杜格的侄子在英國海軍部有熟人，他寄去一千八百張樂曲拷貝把那人給淹沒。）

第二個理論：麥杜格的實驗步驟和他的詩一樣彆腳。讓我們更貼近一點，看看他的發現。

麥杜格一共測量了六個病人，但只有第一個病人，也就是之前所述的那一個，成為該現象較可信的例子。麥杜格摒棄了第六個病人的資料，因為那個人死的時候，他們才正要把他放到床上，而且還在調秤桿。第四號病人的資料他也不算，因為，麥杜格在《美國醫學》寫道：「我們的秤沒有調得很精確，而且有很多反對我們工作的人在干擾。」麥杜格舉了幾個例子說明「官方部門的干擾」，並表示只有第一個病人是在理想狀況下進行測量，也就是說，在毫無干擾的狀況下。他沒有指明干擾是以什麼形式出現的，但如果影響實驗到了必須被排除的程度，那麼似乎可以合理假設，官員們就在那房間裡脅迫著麥杜格，或試圖中止他在做的事。對於需要專心與足夠安靜才能聆聽心跳的實驗而言，這的確很難算是理想的狀況。

那麼還剩下四個對象。除了第一號病人之外，所有的資料都以不同的方式妥協了。第二號病人在凌晨四點十分停止呼吸，秤沒有絲毫動靜，但十五分鐘後下降了半盎斯。麥杜格在《美國醫學》的文章中寫道：「從先前的證據來看，我們很難判定他死亡的確切時刻。」如果你看不出那人何時死亡，你也不太能夠宣稱他在死亡時掉了半盎斯。

第三號病人的體重減輕分成兩階段：死亡那一刻少了半盎斯，幾分鐘後又額外掉了一整盎斯。麥杜格解釋，第二次的減輕可能是秤的震動造成的，而那震動是負責聽心跳的同事引起的。如果把聽診器放到病人胸前會擾亂平衡（事實上當然會），那麼麥杜格跟他的同事打算如何得知所有個案中病人的死亡時刻呢？

第五號病人的資料被秤的古怪給蒙上陰影。秤下降了八分之三盎斯之後，又上升了八分之三盎斯，回歸到零，十五分鐘後秤桿也沒有動。麥杜格沒有解釋。是他的秤愛騙人嗎？費爾班克斯製造的秤可靠嗎？它真的精確到五分之一盎斯嗎？當你需要一個費式秤歷史學家的時候，他人又在哪裡呢？

波兒（Peggy Pearl）負責監管費爾班克斯博物館的歷史收藏，該館位於佛蒙特州的聖約翰斯布里（St. Johnsbury），那裡是法藍克林．費爾班克斯（Frankin Fairbanks）在一八三〇年開始製造秤的地方。其收藏包括三十個左右的古董費式秤、一些「過去的工具」、北英格蘭氣象中心過去一百零三年的紀錄，還有費爾區（Carlton Felch）的日記。波兒立刻興沖沖地回覆我的電話，告訴我上述東西都安靜地待在歷史收藏辦公室。費爾班克斯公司的秤，她說，在一八三〇年到二十世紀前半到處可見。他們是平台秤中的勞斯萊斯。我告訴她麥杜格使用的是承重三百磅的絲秤，她傳真給我兩頁麥杜格那個年代的費式絲秤型錄。

「它結合了絕佳敏感度、耐重與加大平台，」費爾班克斯的廣告中驕傲地宣稱：「外型優美。」的確，如麥杜格所言，他的秤精確到五分之一盎斯。我告訴波兒關於麥杜格和肺癆病人的故事，希望她會有什麼有價值的費式秤軼事，來解釋那位好醫生所少掉的四分之三盎斯。她一開始懷疑床是怎麼嵌進平台的，在那情況下，你無法把床固定在平台上而不干擾結果，如她所言：「很不正常。」但圖片中的秤的確有一個懸吊的平台。

「我最多只能幫到這裡了，」波兒說。你可以聽出她聲音裡的失望。波兒可以告訴我一九〇一年四月十日的天氣，也可以告訴我費爾區先生那天過得怎樣，但她無法告訴我，麥杜格的奇妙小床裝置是否多少影響了費式秤著名的準確度。

麥杜格似乎知道自己研究中的缺點，他鼓勵其他人延伸並複製他的實驗。他自己想要多做幾次實驗，但被前述的官方衝突給阻礙了。為了到其他機構提案，好能夠「定位與穩固科學根據」，麥杜格便寫了一封信給美國心靈研究學會（ASPR）的賀吉森（R. Hodgson），結果被斷然拒絕。美國心靈研究學會已經是他最好的機會了。事實上，美國心靈研究學會的科學官員凱林頓（Hereward Carrington）聽到麥杜格的研究之後，在學會期刊上發表了一篇充滿熱忱的長文，內容是關於讓已判刑的罪犯在平台秤上戴著密閉的玻璃頭罩，或坐電椅，或其他方法的可能性。

最後，麥杜格轉而在自家廄房設置一座秤來測量狗。由於很難找到染病的狗虛弱安靜地死去，所以他把狗用夾板固定，以注射方式讓牠們死亡，總共十五隻。沒有一隻在死亡時顯示重量下降。面對這些矛盾資料，麥杜格的說法和上教堂的基督徒一樣：動物沒有靈魂，或照《聖經》的說法，沒有任何永恆的屬性，所以這個結果是預期得到的。

在測量靈魂重量這件事情上，不是每個人都同意麥杜格的想法。《美國醫學》的論文發表十年之後，洛杉磯工藝高中一位物理學教師自費出版了一本書，叫做《靈魂的物理學理論》（*The Physical Theory of the Soul*），其中有一章詳盡描述他測量老鼠靈魂重量的探險之旅。封面上的作者名字是特文寧（H. LaV. Twining），他似乎不太喜歡動物，我們等一下就可以看到。但他相信動物和人類一樣，帶著同樣的靈魂配備來到這世界。「這是合理的結論，」他寫道：「所有生命的形式都有其相伴的靈魂……，動物會是適合的對象，因為牠們可以任意地、以任何方式被殺死，但人類不行。」

接下來四頁，特文寧在他的秤上殺死了三十隻老鼠，並充分運用工藝高中儲藏室中能夠提供的所有條件。他用本生燈熔化封閉試管，令牠們窒息而死（沒有重量減輕）。他以橡皮塞封住燒瓶，並以石蠟封住燒瓶來悶死牠們（沒有減輕，還是沒有減輕）。他以氰化物藥丸毒死牠們。這次他終於親眼見到重量減輕：一到二毫克之間，「在牠最後一次踢腿時」。他推論毒藥會造成老鼠「在死亡時激烈地流汗」，而減輕的毫克數是老鼠蒸發的汗水。我在費柏格博士（John M. Friedburg）的論文中讀到一些關於氰化物中毒的研究，這篇文章讓第九巡迴上訴法院（Ninth Circuit Court of Appeals）認為以氰化物執行死刑是殘忍而且不正常的。氰化物致死會出現缺氧現象：驚慌、嘔吐、抽搐、劇烈的頭部伸展、痛苦的表情，雖然沒有提到過度流汗，但過度唾液分泌卻是相關症狀之一。也許，有些發作時的唾液逸出燒瓶之外了。

有一位同事提議，減輕的重量可能是來自那臨死囓齒動物肺部排出的空氣。特文寧並不氣餒，決定也要測試這一點，他以其麻木不仁的天賦，如此描述過程：「一隻老鼠被丟進一缸水中。」一支試管塞到快淹死的老鼠頭上，以捕捉牠死時排出的空氣，經過測量發現，結果微不足道。

他很快就受到其他更大的壓力了，一位薔薇十字會（Rosicrucian）理論的作者譴責他，不過他說錯了特文寧的某些結論，還把名字拼錯。「這是不可饒恕的。」那人大發脾氣。如果人類像老鼠一樣可以任意殺死，我知道誰會被發現死在水缸裡，頭上套著試管。

同一陣線的還有動物權提倡者，他們譴責特文寧太殘忍。（特文寧的研究被登在地方報紙上。）以下是特文寧的過度防禦：

幾乎每一個讀到這些文字的人，在牙痛上承受過的痛苦，都比這裡任何一隻老鼠在死亡時承受的痛楚，要多出一千倍以上。

即使老鼠真的沒有受苦，為什麼愚蠢的動物不該承受牠們應有的痛苦？這是沒道理的。人類一輩子在心理、生理上承受痛苦的折磨，而且不是因為自己的錯……。

人類依靠死亡的產品存活。我們也吃動物或蔬菜，無論是何者，都有生命被終結。如果殺生是錯的，那麼殺死低等形式生命的錯和殺死高等形式生命的錯是一樣的，沒有必要對這件事那麼歇斯底里。

關於特文寧的研究，重點在於，如果你讓老鼠死在封閉容器中，讓溼氣、呼氣、唾液之類的東西被堵起來，其重量不會改變。所以特文寧的老鼠研究和麥杜格的狗實驗一樣，還是沒有顯示出靈魂離開肉體的證據。

一九九八年，卡本特（Donald Gilbert Garpenter）出版了一整本關於測量靈魂重量的書：《靈魂重量的生理測量》（*Physically Weighting the Soul*）。這本書內容很長，但重量很輕，跟靈魂一樣輕，因為它存在於虛擬空間，可以在IstBooks.com下載。根據卡本特的說法，狗和老鼠在死亡時之所以沒有顯示重量減輕，是因為牠們的靈魂太輕了，低於秤能夠測量到的臨界。麥杜格說他用來測量狗的秤精確到六分之一盎斯（一點八公克），但一隻狗的靈魂比一點八公克輕。我們怎麼知道這是一隻狗的靈魂重量？因為卡本特已經計算過了。（我真愛這傢伙！）麥杜格算出人類的靈魂重量大約二十公克，卡本特以此為依據，計算出靈魂重量和出生體重的比例為一比一百四十。他再代入一般小狗出生時的重量，推算出狗的靈魂重量平均為一公克，幾乎只有該秤敏感度一點八公克的一半。特文寧的老鼠靈魂也遇到同樣的問題，太輕了所以測不出。（但耶穌則不然。第十七章計算出無形的耶穌的重量為三百六十四公克——將近一磅！）

此外，卡本特還計算了人類靈魂的體積。他把人類靈魂稱做「麥」（Mac），以向麥杜格致敬。以下是他計算「麥」體積的方法。他說，剛出生的嬰兒，最小的重十盎斯，體積十分之三夸脫。（我不知道他是用哪個公式算出早產嬰兒的體積，也許他僱用了特文寧，丟一個嬰兒到有刻度的水缸中，然後記下嬰兒取代了多少水。）嬰兒的麥的體積，應該等同於出生時的體積，因為，引述卡本特之言：「如果麥的體積比嬰兒本身還大，那會突出孩子的身體。」然而，耶穌再度成為例外，祂的麥是五點二五夸脫。那表示耶穌出生時，有超過半夸脫的靈魂突出在身體之外。卡本特臆測，那些突出的部分會以光的形式存在，而非我腦海裡想的駝峰或甲狀腺腫。

卡本特指出，小精靈的體積和人類的「麥」非常相近。「這令我推測，」他寫道：「小精靈很可能是無形的人類。」然而，這說法讓我開始懷疑，卡本特並不是一個沉著的科學家，不像他的方程式和圖表所呈現出來的樣子。（卡本特在自傳中說，關於靈魂的唯物論研究，他知道的比任何活著的人都要多，但他沒有提到自己的學位，也沒說靠什麼維生。）

在他的書出版時，卡本特並沒有親自進行任何靈魂重量的測量實驗，但他有一些有趣的想法。比起把臨死的人放到秤上，他認為以懷孕的婦女進行實驗比較有建設性，可以看看「麥」進入胚胎的那一刻重量增加。他認為那一刻發生在第四十三天，正好是第一次可以偵測到腦波的時候。卡本特列出另一種利用懷孕婦女的獨特方法。在七十七頁他告訴我們：「為房子驅鬼的絕佳方法，是讓剛受精的婦女住在裡面，就在麥進入胚胎的正常時刻之前。」

賀藍德（Lewis E. Hollander, JR.）是奧瑞岡州班德鎮的牧羊場管理者。在二〇〇〇年的某一天，由於對麥杜格的研究感到好奇，賀藍德成為歷史上第二個在自己廄房中設置靈魂測量機器的人。他把一個七呎乘三呎的平台，裝配上托雷多型號八一三二的電子數位指示器、四個一組的荷重元、一台電腦。他的實驗對象是八隻綿羊、三隻羔羊和一隻山羊，全部都施打鎮定劑，然後再安樂死，所以全部都往「那裡」去了，賀藍德向我們保證。這些動物都以塑膠布包裹起來，包括了所有的排泄物。這很重要，因為：一、排泄物體有可能會滴出測重表面，產生假性的重量減輕，二、你不會想讓羊尿沾到你的荷重元。

雖然他目標與特文寧看齊，但相似處僅止於此。賀藍德是個仁慈溫和的人，而且他真心喜歡羊。「牠們很好相處，」他告訴我：「而且真的很溫暖。」賀藍德並不喜歡消滅那些溫暖。「我不知道你有沒有殺過任何東西，但那真的是一件很痛苦的事。坐在那裡看著那動物……」那正是為什麼他的對象局限在十二隻的原因。（他的確跟當地的醫生接觸過，探詢是否有可能測量臨終病患，但仍然無法克服道德問題。）

奇怪的部分在這裡。賀藍德的實驗中，所有的綿羊在死亡時呈現了短暫的體重增加，大部分在三十到二百公克之間。令人注意的是一隻雌羊增加了七、八十公克，將近兩磅（或三十七個麥，或兩個無形的耶穌）。重量增加持續了一到六秒，然後稍失。然而，那三隻羔羊並沒有增加任何重量，山羊也沒有。我打電話給賀藍德，問他認為這表示什麼。

「我一點頭緒也沒有。」他很理性地說。他知道重量增加有可能是設備故障的現象，但他的直覺是，那瞬間的狀態是真的。「如果你當時在現場，你會看見完整的一幕，你會看見那一刻……那很奇妙。有事情在發生。」

可能會有什麼事情在發生呢？賀藍德的感覺是，重量改變可能和他所謂的「上面的入口」有關。「我想，在死亡的那一刻，一扇小窗打開了。我們可能都和某個更大的東西連在一起。」

我相信這個觀點。但為什麼打開上面的窗，會讓一個生物體的重量增加？那窗戶是冰淇淋外帶車道上的窗戶嗎？卡本特在書中也談到賀藍德的實驗，他的推論是，重量增加是因為

「麥」的造訪。（經過他的計算，一個七十公斤的人類可以容納二百八十個「麥」，其中一個主管身體，其他的「扮演比較不重要的角色。」）他還注意到，綿羊的體重增加得一個比一個還多。「彷佛一連串的死亡吸引了更多的『麥』來到那場景。」他寫道，他無法說明為什麼，也說不出為什麼六秒之後它們又離開了，但或許它們對公羊有什麼意見。

你可能會鬆口氣，我的下一個客人並不相信小精靈。他擁有史丹佛大學的醫學博士學位，以及耶魯大學的化學工程學士學位，而且對熱力學和資訊理論都有特殊興趣。他對靈魂沒有什麼親切的暱稱，而是親切暱稱的相反，稱之為：「一個活著的／有意識的生物系統達到非平衡亞穩態的物理『擬穩態』（必然）所需的負熵（即能量，或與該能量相等的重量）。」他還有一個計畫，就是要測量它的重量。

納宏（Gerry Nahum）是杜克大學醫學院的教授，他在一棟很有古老氣氛的貝克館（Baker House）工作。這棟建築物容納了五花八門的單位，我猜是從其他醫學中心丟過來的。納宏和許多人共用二樓，有腦瘤中心、里文古博士、牧師服務，以及聽起來很熱鬧的內分泌臨床研究員辦公室。他本身教授產科醫學和婦科醫學。當我第一次知道這點時，還猜想納宏也許早就和卡本特同謀，這兩個人隨時都可能讓一個懷胎四十三天的孕婦，坐到超級敏感的杜克大學秤上，看著麥／（固性）負熵來臨時的數據。不過不太可能。

納宏靠在椅背上，把玩他的領帶，聽我急切地問著我想知道的事。領帶上是校徽的圖案，非常呼應這裡的布置：三十一個裱框的證書、文憑和獎狀。

我對納宏描述了麥杜格的實驗，希望在造成體重減輕的可能原因上，得到他的專業意見。納宏的眉毛上閃過一絲憂慮。我到這裡拜訪之前，曾經和他通過幾封電子郵件，但我還沒有讓他準備好面對我的無知。我的無知不只深，而且廣。那是個浩瀚的海洋，容納了化學、物理學、資訊理論、熱力學，一個現代靈魂理論者必須知道的所有東西。納宏表示麥杜格的實驗「很蠢」。他說你需要的不只是一個秤，還需要一個完全封閉的系統。

納宏所樂意建立的系統，會像是一種箱子，完全與周遭環境隔絕。箱子放在極度敏感的秤上，圍繞著一排排的電磁能偵測器。這些偵測器測量各種可能離開箱子的已知輻射能量（相對於無法偵測的資訊能量，或「靈魂」能量）。現在假設有一個生物體在箱子中，一隻草履蟲、袋熊，或約翰．泰許，什麼都可以。然後這個生物體死在箱子裡[3]。如果電磁偵測器偵測到能量離開箱子，就應該會有相對應的重量改變。為什麼？因為物理學法則：重量減輕與能量減少有關。我說的不是野心過大的減肥者的倦怠感。我說的是$E=mc^2$。如果能量改變，質量（和重量成正比）一定會改變，你知道，以一種極小、極微、接近零的物理實驗室方式做出改變了。生物體死亡時所減少的質量，如果多於能量改變所對應的質量，那麼就代表有某東西，以無法被計算到的方式離開箱子了。這個東西也許就是靈魂，或意識，離開前往某個高維空間，賀藍德的窗戶之上的地方。

像納宏這類的理論家認為意識是資訊內容。而資訊，對一個量子物理學家而言，被視為等同於能量。因此是有（很小很小的）重量的。「每一位元的資訊損失所必須釋放的熱量，大約是3×10^{-21}焦耳。」納宏說。

我一定做出了某種表情。「我盡量說得簡單一點，」納宏說。當你跟納宏一樣聰明的時候，你會看不見我們其他人有多無知。之前我們談話的時候，他的開場白是：「很多人將微管（microtubules）視為次細胞層次的分子計算算盤。」接著一句是：「我相信你已經知道了。」

為了不要讓解釋的過程完全脫軌，我們先接受，每一單位的意識資訊毀滅時所損失的能量，已經由正統物理學家定為3×10^{-21}焦耳。然後讓納宏博士繼續說下去。「如果你使用質能守恆定律，」就是愛因斯坦說的那個，「那麼你就可以說，『如果那是真的，那就代表3×10^{-38}公斤』。」所以，組成人類意識的基本資訊單位，每一位元的重量為十億分之一公斤的十億乘十億乘十億分之一。「那非常小，」納宏說，這句話我就懂了。

但在一個意識中有多少位元呢？或是說，一個念頭中有多少位元呢？我自己想著：「這個人惹火了我的微管嗎？」這其中包括多少位元？不知道。「一個念頭有十億位元嗎？」納宏說：「還是百億位元？我們不知道。當我們說到意識，裡面到底包括什麼？多少位元？我們不知道。」就某方面來說，這並不重要。對於找出「靈魂是否存在」這個目標而言，重要的是，改變是可以偵測的。一個飄出窗外的靈魂所造成的能量損失，在理論上，能夠以重量減輕的方式被偵測到。

費式公司製造不出納宏可用的秤。有人能嗎？可能有。自麥杜格的年代以來，秤有著驚人的進步。已經有秤可以輕易而準確地測量到微克（microgram），一微克是百萬分之一公克。測量十億分之一公克，即一毫微克（nanogram），也是有可能的，只不過很貴。「一微微克（picogram）呢？」納宏深思著，那是兆分之一公克，10^{-15}公斤。「我們可以測量到嗎？是的，可以。記得我給你的那個數據3×10^{-38}公斤嗎？」我記得，在討論一位元資訊的重量時。「我剛才告訴你，我可以測量到十五次方這種程度。問題是，我可以測出接下來的二十次方嗎？」但也許他並不需要。如果意識是由大量位元組成，也許他用不到微微克的秤。

納宏說，相較於秤，箱子周圍的電磁場陣列問題更大。這些偵測器中沒有一個可以涵蓋整個電磁波譜，所以納宏必須重疊涵蓋範圍並當場調整。儘管如此，他認為這是可行的。

可是，如果靈魂（剩餘的能量／資訊）沒有被電磁波偵測器記錄到，也沒有去別的地方，而只是「熄滅」了呢？不再存在了呢？那一向是我個人對於死亡的沮喪無聊假設。「不可能，」納宏說。擋在前方的是熱力學第一定律：能量不會無中生有，也不會憑空消失。一定會去到別的地方。納宏說，他五歲的時候就相信這定律也適用於意識。在那個年紀你我都還困惑於綁鞋帶的複雜性，納宏已經在「思考，在無處可去的情形下，意識如何必定不滅。」納宏轉過來面對我：「於是問題變成『它去哪裡了』？問題不是『它存不存在？』，它的確存在。」

我們靜靜坐了幾分鐘，讓訪客嚥下那相當晦澀的量子理論。在天花板一角，一個螢光燈閃了一下，然後熄滅。應用熱力學第一定律，我們知道在宇宙的另一個地方，一個不漂亮但有成本效率的光才剛出現。

雖然納宏已經被靈魂的事耗掉很多時間，但他並不是個虔誠的教徒。不過，他和天主教會有過一些有趣的遭遇。「幾年前，我去找過他們，很天真地去籌措資金。我對他們的陳述，就像我剛對你的陳述一樣。」我想像主教們坐在他們高背椅上，納宏在他曲速進行、不空行的散文中，東一句西一句地塞進「主教閣下」的稱謂。

那些閣下並不了解納宏計畫的具體內容，但他們已經能夠了解，這個計畫令他們緊張。「他們有一個信仰系統，讓他們『知道』答案是什麼。他們不需要可以引用的證據。而且，如果結果和他們知道的並不一致，將會是個災難。他們不想冒這個險。」在納宏第一次謁見之後，他又被邀請回去會面。這次氣氛變得嚴肅，還召來外行的專家，包括宇宙論和物理學背景的神學家。他們不但不撥資金給納宏的計畫，而且盡其所能地說服他放棄。他們說到區分不同世界的「神的設計」，試圖證明納宏的實驗會侵害到那個世界。他們警告，後果會是悲慘而且無法估計的。「他們想像那可能會開始一個黑暗的『分裂派系』，可能釋放某種至今未知的『力量』，進入我們傳統以來被保護的世界。」窗戶的隱喻出現了。納宏被指控為試圖「打開一扇可能開了不會關上的窗」。

但無論什麼時候、有什麼東西死去，窗戶可能是自己打開的。他們為什麼認為納宏試圖把它撬開呢？他的實驗怎麼會不讓窗戶關上呢？為什麼靈魂開關門窗的方式和我們不一樣？

在最後一次會面時，諸位主教試圖打開另一扇一塵不染的窗。「他們建議我可以慎重考慮改信天主教，這樣我就會放棄整個想法了。最後，我只好採取一個『只是開開玩笑』的立場，裝出我對此追求真的沒有進一步的興趣。」

最近納宏到各個物理系所和研究機構籌措資金，像是亞利桑納大學的人類能量系統實驗室。他參加音識科學和量子理論的聚會，期望認識可能的夥伴。一切進展得很慢。「大部分人都不會像你聽我說這麼久。」是啊，我說，但他們可能比我聽得懂。是，也不是，納宏說：「這是個跨學科的想法，所以很難被接受。工程學和資訊專家完全不懂生物學。物理學家、生物學家和神經科學家都不懂資訊理論。而他們全都不懂宇宙論，或多維宇宙的物理學。他們都是很聰明的人，但他們都沒有夠廣的知識背景，可以把全部整合為一。」納宏就像是小孩子圖畫書裡那種變形動物，因為書頁被分成三塊，所以鴕鳥有袋鼠的腿，河馬有一部分是長頸鹿。他什麼都會一點，而沒有人可以跟他一起玩。

他所能找到最親近的靈魂夥伴，是史丹福直線加速器中心（Stanford Linear Accelerator Center）研究發展共同計畫負責人派翠克・雷（Patrick Lui），他在研究所時專攻熱力學。我從杜克回來後和雷通過話。雷告訴我，他試著邀請史丹佛其他的物理學家，包括前理論物理學教授「和納宏一起想看看」。雷和他的同事都覺得，這個想法雖然有根據，計畫也合乎理性，但實驗會很困難，甚至不太可能，因為要測量到那麼微量的能量，是很大的挑戰。「但這並不表示人不應該追求這樣的研究。」雷很快地補充：「雖然這是一記曲線球，卻是實實在在的一球。」

即使是對於非學術分子，納宏的想法還是很難讓他們接受。因為，如他所說：「人們要不是認為他們已經知道答案，不想要額外的證明，不然就是認為不可能知道答案。他們沒有足夠的背景知識來了解他們『可以』知道。」

此外還有預算的限制。納宏估計他需要至少十萬美元的資金。「有人曾對我說：『我們會往上呈報，看看我們可以怎麼做。』但這不是主流或優先的想法，足以讓任何人說：『好，我們給你這些錢。』」

杜克這裡的物理系所怎麼樣呢？「我得到的是白眼。」

我開始為這個被誤解的人覺得難過，以及他那些偉大卻被誤解、或只是尚未被了解的遠見。

「你妻子了解你的計畫嗎？」

「前妻。一點也不知情。」

納宏接了一通電話，是一個叫做艾爾的事業夥伴打來的。「你錯了，艾爾！」他溫和地對著電話喊。「艾爾……艾爾！你完全錯了，艾爾！」

我放棄我對這孤獨哲學家紗幕般的田園詩歌。蓋爾．納宏是個高大迷人的正統婦科醫學博士，有著相當高的自尊心。有一天他會得到進行計畫所需的支援，贏得杜克物理學家的尊敬，也許還會娶到一個懂量子理論的妻子。但願如此。

過了下午兩點鐘，納宏的肚子終於發出聲音，讓他的頭腦聽見了，於是我們休息一下去吃午餐。拋開了方程式，納宏至少有幾微微克的資訊內容分給了他的義大利麵餃，我終於覺得比較自在，可以問一個我整個早上都想問的愚蠢問題。

你覺得那會是什麼樣的感覺？當你成為一個自由飄蕩的靈魂，一種能量的氣，在某個天曉得在哪裡的什麼次元？納宏以電腦做為比喻：在他想像中，你的意識基本核心就像是操作系統，在操作系統之上會有很多不同的覆疊區，如果你是個電腦，那就是文字處理和試算表之類的程式；對人類而言，那就是感受、語言、理智、記憶。當你死亡而頭腦停止運作的時候，那些覆疊區也會故障。你只剩下操作系統：一種基本的、自由飄蕩的意識。在納宏的想像中，那種存在「就像現在我們對意識的感覺一樣，但減去所有膚淺的羈絆。」

減去所有羈絆的位元可難倒我了。如果你不能以文字思考、看見或聽見，你會像是什麼？昏迷的受害者？地衣？納宏聳了聳肩。那只是個類比，只是猜測。我幾天後向雷提出這個問題。他很懷疑人類意識的資訊內容會以任何有組織的形式離開肉體。「衰變熱並不是有序資訊。」他說。我想，這意思是，那曾經為人的能量光點，在你死後也許會繼續存在，但不是以人的形式。不是以某種你可以「成為」或「使用」的形式。

我後來又將雷的說法轉告納宏，並詢問他的看法。「記住，」我寫道：「回答我的時候，請假裝你是在對一個七年級學生說話。」納宏同意雷的說法。他的回覆長達千字，任何一個熟悉康德、洛克、負熵的非隨機測量和編碼器的七年級學生都能夠了解。以下是我了解的部分：「這個能量是可以自由形塑的，以成為它可能採用的物理形式……，而且它不一定比較『偏好』成為哪一種。」

「偏好」給人的感覺，彷彿是當一個可以思考和記憶的靈魂，比起當一個黑洞或靜電有趣多了。但我決定不管它。

納宏點了香蕉拿破崙派當甜點，又一個我們無法彼此了解的地方。我們的討論回到那個箱子，那個封閉系統。我想到我忘了問他打算把哪種生物體放進去實驗。甜點來了，大量的奶蛋糊下載到威化餅架子上。

「所以裡面是什麼？」我假設他會放一隻實驗鼠進去。

「香蕉布丁，大部分都是。」

當我回到家後讀著納宏二十五頁的〈意識動能學及其物理基礎之實驗計畫〉，我老是想成一盤香蕉布丁在箱子裡。

理論上來說，納宏可以犧牲自一隻細菌以上的任何東西。他傾向用水蛭。「我用水蛭工作已經很久了。牠們很小而且會吸在你身上。牠們是很可怕的生物體。我恨那些東西！」我們桌邊那一對轉過頭來看這個痛恨水蛭的男人。

最後一個問題：他認為最後結果會是什麼？自由飄蕩的意識能量存在嗎？「我的偏見是它存在，」納宏說：「但我絕對不會說我知道它存在，」他放下他的湯匙，「直到我能夠證明。」

註釋

1 散克托留斯時代的醫學論文較具可讀性。《靜態醫學》無畏地探究史無前例的醫學怪異主題：「小黃瓜多半有害」，「放血最好在秋天」，以及令人好奇的「跳躍及其後果」。甚至有一整頁，近乎廣告般介紹某種稱為皮膚刷子（Flesh Brush）的東西。

2 令人驚訝的是，散克托留斯被描述為一個瘦小的人。他的工作習慣或許可以解釋，為何他在一餐吃八磅的年代還能保持苗條。他宣稱在二十五年間進行了一萬種實驗。

3 最早的靈魂封箱實驗，應該歸於腓特烈二世（Friedrich II），他是十三世紀西西里國王兼神聖羅馬帝國皇帝。方濟會修士薩林貝內（Salimbene）是國王某段時期的編年史家，他在日記中有一段描述，是關於腓特烈把「一個活人關進桶內直到他死在裡頭，希望藉此看到靈魂的離去。」腓特烈具備了早熟的科學方法，應該要受到肯定才對，但那些殘忍的實驗老是蓋過他對科學的貢獻。要知道，有一次他「見讓兩個人飽餐一頓，然後派其中一個馬上去睡覺，另一個立刻去打獵。當天晚上他親眼看這兩個人被開腸剖肚，想要知道哪一個消化比較好」（睡覺的）。至少這一個有點道理。

4 維也納香腸事件
及其他想要看見靈魂的努力

時間是一九一一年。麥杜格相當確定自己已經證明了靈魂的存在（藉由測量它的重量），他現在決定要看見它。他在當年的一篇報紙文章中說，他想要知道靈魂的顏色[1]，以及跟身體相較之下靈魂有多大。他想要知道靈魂離開的途徑。它是從心臟還是頭頂出發的呢，還是「從口中」離開，就像打一個呵欠，或像漫畫人物說話一樣？不顧愈來愈多醫院和收容所的理事會反對，麥杜格又招募了一群衰弱的肺癆病人。

這一次，臨死者躺在一張普通的床上，在一個暗房裡。到了麥杜格所謂的「最後一刻」，他將一束強光對準病人的身長。他首先使用一道白光，然後用一個很長的三稜鏡折出光譜，以光譜上的不同色光進行實驗。他試了水平的光譜，也試了垂直的光譜。但他沒有偵測到任何東西。

麥杜格做出結論：靈魂的折射率是零，而既然空間中除了「以太」（aether）之外，所有的物質或多或少都會對光產生折射，因此靈魂是由以太組成的。關於以太。在愛因斯坦之前，以太是物理學普遍接受的概念。它被認為是傳遞電磁波（光、聲音、無線電等等）的必要媒介。以太是無形且無法偵測的，而且它存在於所有物質形式，從人類到腳凳。

以太同時被假設為無重量，這也幫了麥杜格的靈魂以太概念一把。麥杜格不願放棄自己的理論，在一九一四年發表了一個報紙標題所謂的「驚人理論」，表示以太和靈魂都是萬有引力定律的對象。因為，如果不是的話，他推論，那麼「人類一旦在地球上死亡，太空中地球環繞太陽運行的複雜路徑……（將會）散置著這些……無重力的靈魂本質。」換句話說，如果動力沒有把逝者的靈魂拉住在地球上，它們會飄到太空中，永遠被放逐在淘汰的衛星和NASA的碎屑之間。「在這種狀況下，我們還有可能架構出一個井然有序的未來生命計畫嗎？」

如果說，一個人的靈魂和其俗世遺體分隔幾百萬哩，這個想法對麥杜格而言同樣站不住腳。「從人死亡的那一刻到肉體埋葬，平均是三天的時間，足以使靈魂遠離肉身和死亡之地九百萬哩，即地球運行三天的距離。」對一個成年之後就住在距離蘇格蘭的父母和手足五千哩遠的人而言，你可以想像這是個很沉重的說法。

麥杜格想像有一個巨大的「伴隨地球的以太星球……，在暴風區之上，」那是一種漂浮的重聚會堂，是給「和我們完全不同組成的存在，但它們也受到重力的約束。」也許是之前受到同儕嘲弄，這位醫生並沒有在《美國醫學》發表他的折射實驗，也沒有發表他的以太天堂理論。我得到的唯一描述是一九一四年《波士頓週日報》，有篇文章相當了不起地題為「天堂也許就在地球外」。

那正是麥杜格醫生最後的消息了。六年後，他因癌症臥病在床，寫下最後一首可怕的詩〈我與死亡較量一番／我們日夜搏鬥〉，然後出發前往偉大的以太星球了。他的妻子瑪莉，先前提到的戰斧，繼續活了三十五年。借用麥杜格對於重力會抓住靈魂的討論，且不論是對是錯，這有可能表示，當夫人的靈魂終於捨棄俗世軀殼，麥杜格自己的靈魂已經在三百八十億哩之外。人總是會有撥雲見日的一天的。

當麥杜格公開他令人失望的光譜線計畫，差不多就在同時，賓州大學物理學家古斯必（Arthur W. Goodspeed）亮出王牌，宣布了一項計畫，將以驚人的、新的侖琴光（現在稱為X光）揭開人類靈魂之謎，此光在一八九五年以其發現者侖琴（Wilhelm Röentgen）為名。（古斯必早在侖琴之前就意外發現這個光，但沒有認知到這件事的意義，而眼看著他的對手侖琴成為家喻戶曉的名字（雖然是個難唸的名字），而他本人則一輩子默默無名。）

X光在今日是很普通的診療工具，但早期認為是不可思議的奇蹟。美國放射協會（American College of Radiology）歷史中心的檔案室主管奈特（Nan Knight）告訴我，愛迪生在他發明的所有東西之外，似乎還發明了出風頭的方法，他一度宣布要公開證明，自己可以為活人的腦袋拍出X光片，呈現出在腦袋裡橫衝直撞的思想真貌[2]。在X光發現後不到一年，就已經有巴黎小販販售餘興節目門票，展示X光影像捕捉到的鬼魂。一八九六年，紐約的報紙出現一則報導，表示哥倫比亞內科和外科學院使用X光，把解剖圖直接投射到醫學生的腦袋裡，「以製造持久的印象。」還有個類似的情況，有則謠言竟然促成一個現象：在歌劇望遠鏡加裝X光，有助於提高歌劇院內許多無聊配偶當晚的觀賞樂趣。其廣受大眾歡迎的程度，可以自以下故事中看出：一八九六年二月十九日，一個紐澤西議員特別提出議案，禁止在觀劇望遠鏡中使用X光，還被其他的議員大大嘲弄了一番。

在費城的天普大學（Temple University）城市檔案室中，有一個檔案收藏了古斯必的新聞剪報。他的靈魂計畫上了一九一一年七月二十四日的《紐約時報》，標題為〈為靈魂拍照〉。文章中引述麥杜格的話來抨擊古斯必的計畫。不過文章結尾調整了懷疑的論調，承認「在死亡那一刻，靈魂物質可能變得非常混亂，而減少了顱骨在平常時候對X光造成的阻礙，有可能因此在底片上呈現出淺斑。」另一篇文章提到，古斯必得到了「他的侖琴光專家史奴克博士（Dr. Snook）的協助[3]。」雖然史奴克博士的傳記資料中完全沒有提到X光，但歷史至少授與此人一項榮譽——今日他以史奴克管（Snook tube）聞名，那是一種舊式玻璃球狀的陰極管，看起來很像蜂鳥餵食器。

即使古斯必曾經把他的靈魂X光計畫寫成論文，檔案室裡也沒有任何複本。奈特懷疑他是否只是在開玩笑。有可能，但我不這麼認為。古斯必的傳記不只列出他是美國侖琴光學會的副會長，而且提到他的第一興趣是哲學（賽馬是很接近的第二興趣）。他擔任美國哲學學會祕書三十年。自從他負責藍道摩根實驗室（Randall Morgan Laboratory）物理部門，他同時擁有了這實驗所需的設備和經費。此外，我們還有摯愛早逝這個必備要素，這很容易讓一位科學家開始對死後產生興趣。他的兒子二十八歲死於降落傘意外。

談到觀看靈魂的方式，我們還有一位更具創意的凱林頓博士（Hereward Carrington），他在一九二〇年創設了「靈魂實驗室」，是個不折不扣的超自然機械裝置怪胎。凱林頓在一九二〇年所著的《心靈科學的故事》（*The Story of Psychic Science*）一書中首次出現一個構想，要製造一個讓靈魂現形的機器。那描述花了兩頁，開始是「安排一個小箱子監禁某種動物，像是狗、貓、小猴子」，最後是「因此，當霧化產生時，將能描繪出靈體的輪廓。」這當中我們可以看到完全密封的容器、麻醉導管、無塵空氣、離子化光束、一個抽氣唧筒，當然還有幾個史奴克管。書中放了好幾張凱林頓的照片，他打扮入時，有著從前額往後梳的派奇許（Gregory Peckish）式的髮型，和臉上專心的皺眉，正在檢查他最新小機器的數據。照片中一定會包括一名年輕迷人的女子，有時候待在機器旁邊，有時候只是高興地望著凱林頓博士。我也迷上凱林頓博士了，直到我看見一些他後來的書名，包括《保健生活》和《奔向健康長壽的生活》。

凱林頓從未真正打造他的猴子箱，所以最精心製作之顯靈設備，榮歸於兩位荷蘭物理學家馬特拉（J. L. W. P. Matla）和澤司特（G. J. Zaalberg van Zelst）。馬特拉相信自己接觸到一個存在，透過扶乩板一字一句拼出溝通訊息。（還好他們沒問過這個問題：「我和我搭檔的全名是什麼？」）該存在告訴馬特拉，人死後靈魂繼續以一種氣體形式存在，稱為「人力」（homme-force，即man-force。那是法文版，也是我唯一可以找到的版本）。馬特拉推論，如果「人力」真的是氣體，它必定遵守物理定律，因此它的存在一定可以由科學證明。該存在似乎擁有工程背景，不僅同意了這一點，還提供了建造實驗設備的詳細步驟。在第三十六次降靈會紀錄中寫著：「建造兩個封閉空氣的薄版圓柱體。長五十公分，直徑二十五公分……。」其設計理念，即那個「人力」會進入圓柱中，並依照旁觀者的要求擴張和收縮，讓人知道它的出現。該存在所取代的空氣體積，會引起玻璃試管中的一些酒精往上或往下移動。它的確如此，至少滿足了馬特拉。這兩人的計算愈來愈詳細，在他們所寫的《死之奧祕》（*Le Mystère de la Mort*）一書中充斥了「『人力』的體積為36.70m.M³」、「『人力』取代空氣的體積為279.169c.M³」之類的句子。很難說他們最自大的地方在哪裡，是他們的堅信不疑，還是帶他們到小數點後第三位的狂妄。

凱林頓讀了那本書，而且，身為凱林頓，他當然也想建造一組自己的馬特拉圓柱。他的模型中配置了一個鈴，當酒精移動時會發出響聲。凱林頓會聚集一群觀察者到房間裡，要求安靜，然後大聲宣告，彷彿靈魂有重聽：「如果這裡有任何的力在場，能夠進入圓柱然後置換空氣，麻煩請這麼做好嗎？」有時候酒精會移動，但不一定是在他要求的當下移動。常常反覆要求卻什麼也沒發生。然後凱林頓只好放棄，離開房間，卻又聽見鈴響，彷彿那個存在故意要讓凱林頓在那些年輕迷人的實驗助理面前看起來像個傻瓜。凱林頓花了一整年時間和圓柱體瞎攪和。最後，他做出結論，馬特拉的結果是溫度改變和巧合造成的。

有趣的是，馬特拉和凱林頓這些人並不被視為邊緣科學家。有相當長的一段時間，許多受尊敬的科學家都認為超自然研究是可行的。我提供一篇一九二一年七月三十日發表於《刺胳針》(*Lancet*)的文章做為證明，該期刊無論在當時或現在，都是世界上最受推崇的醫學期刊之一。有位路斯（Charles Russ）博士寫道，他已經證明了「從人類眼中會湧現出」未知的「力」或「光」。路斯打造了一個桌上型設備來顯現這個力，文章還附上了圖解。志願者被要求盯著密閉箱，其中有一根線懸著銅製螺線管，那根螺線管靠著磁力保持著平衡。路斯表示，如果實驗者盯著左邊看，那根螺線管就會順時針推動，看右邊則令它轉往反方向。他假定這神祕的力量「干擾了封閉系統的靜電狀態」，並宣稱有五位倫敦皇家學會的物理學家看過，也找不出任何可能的電子或機械錯誤。同時，在旁邊那一頁，一如以往，痢疾專家道森（W. S. Dawson）發表糞便取樣，無論那是從直腸裡「拭樣帶出的」，或是直接來自「該動作」❻的樣本。[4]至於路斯的機器，我無法解釋怎麼回事。然而，因為此後沒有人重複過該研究，我懷疑那只是一堆屎。

❻ 編按：「該動作」(the motion)，一語雙關，亦為糞便之意，見本章註4。

路斯博士不過是那堆科學家中的一個，他們相信靈魂是一種生命力量，雖然無法像一般的實體被拍下或鎖定，但可以藉由它所發出的射氣（emanation）加以偵測或間接證明。這些射氣多半呈現冠狀光芒或閃電般的光束，包圍著活體與感光物質的接觸面。請記得，當時攝影還在發展初期，人們對於顯影過程還不太了解。雖然有一些經巧妙操縱的騙局，但大部分都是誠摯努力的結果，即使當中可能有錯。

舉例來說，發散顯影（effuviograph）。一八九七年，巴黎生物學會的一群科學家展示了一項新技術，實驗對象伸出手指到照相底片上，就能顯現一個光環。那些人假設自己發現了一種方法，可以用來捕捉「自然力」（Od）的光芒。「自然力」於是成了生命力的最新形式，一腳踢開麥斯默（Franz Mesmet）的動物磁力說[7]。事實上，法國生物學家所發現的，是熱對顯影劑的影響。為了加以證明，化學家雅科布森（Emil Jacobsen）製作一種發散顯影，看起來和巴黎人手指尖的顯影極為相同，其實是以加熱的玻璃試管圓底來觸碰底片而形成。

傑考森的下一步是推翻電子顯像（electrograph）。在克勞斯（Rolf Krauss）的《光影之上》（*Beyond Light and Shadow*）這本令人欽佩的超自然攝影史中，你會發現一張一八九八年的照片翻拍，題為〈兩根相斥的維也納香腸之電子顯像〉。這照片是傑考森揭穿電子顯像的論文的一部分，照片只不過記錄了一個物體放電的光，那物體，無論活的、死的，或不動的，被鉤在一個電磁感應機上，然後與一個感光表面接觸了。在聖彼得堡的帝國實驗醫學機構的一位成員，應用這個技術，宣稱不只能夠拍下生命力，而且可以用這些影像診斷疾病和情緒狀態。這位科學家展示了一張照片，顯然是從傑考森諷刺的維也納香腸系列中得到靈感，照片中兩位敵人伸出手指靠在一起，可以看見他們神經力的火花讓他們保持距離。相反的，朋友間的神經力看起來就混合在一起。

但電子顯像並沒有消失。一九五〇年代被俄國的科連夫婦（Semyon and Valentina Kirlian）復興了。科連的攝影成為所謂的靈光攝影（aura photography），至今仍會在靈異事件中出現。有趣的是，這對夫婦聽起來雖然像是穿長袍的末日異教，但他們從未宣稱自己找到可以拍下靈魂或靈體等東西的方法。科連及其後受到啟發的靈學家們，包括加州大學洛杉磯分校（UCLA）的二人組，都注意到人類「靈光」有許多不同的變化，不僅因人而異，就算同一個人也會因時而異。基於這個理由，他們猜想這些攝影可能是個有用的診斷工具。為了搞清楚它們診斷了什麼，UCLA團隊把實驗對象吊在電磁感應機上，並讓他們暴露在各種生理、心理的刺激中，例如藥物、大量酒精、要求和解、激怒、驚嚇以及催眠。雖然每張照片都可以觀察

❼ 編按：動物磁力說（animal magnetism），麥斯默認為有一種異於礦物磁力的動物磁力，該磁力可由健康的人的身上傳導到病患體內，進而達成治療疾病的效果。

到差異，但並沒有找到有用的模式。於是科學退出了靈光解讀，新世紀（New Age）藉著剛問世的彩色攝影，也加入尋找的行列。

科連攝影中最知名的，是一片尖端消失的葉子，是俄國靈學家在一九七〇年左右拍攝的，這被視為「靈體由原生質所組成」的證據。整個葉片的發光輪廓，包括消失的葉尖，都出現在照片中。我受夠了俄國人研究中認為樹有靈體的觀念，不過我可以告訴你，當克勞斯發表超自然攝影史的時候，並沒有人跳出來宣稱他們也複製出同樣的現象。

你一定不會驚訝，凱林頓也著手靈光研究。（那是在一九二〇年代，早在科連把攝影帶入這個主題之前。）在《心靈科學的故事》中，他提到他「對黑人的實驗」結果似乎暗示了，靈光要不是一個主觀印象，不然就是一個光學作用。我找不到凱林頓靈光實驗的細節，但或許這樣還比較好。

然後是靈外質（ectoplasm），麥杜格的靈魂物質終於顯現了。靈外質在一九一四年初次登場，在一本怪異但銷售迅速《具形化現象》（*Phenomena of Materialization*）書中，以一系列怪誕的照片出現。到了一九二二年，它成了大報的頭條。我敢以維也納香腸射氣發表人的自信心向你擔保，在科學發展的過程中，不會再有更奇怪的事件了。

註釋

1 關於這一點的傳聞資料，來自一位叫做潘考（Juli Pankow）的前助理護士，她觀察到臨死療養院裡一位病人的靈魂，並把資料e-mail給我。房間很暗。她聽見那女人臨時前的喉音，然後「在她胸部上方有一團綠紫色的、非常稀薄的雲霧。」從Google搜尋中，我學到爆炸的鋇可能出現綠紫色的雲霧，不過上述雲霧是關於NASA計畫，而不是鋇灌腸後的氣體，所以誰知道是怎麼一回事。

2 事實上，頭部X光並無法呈現腦部，因為顱骨阻隔了光。有一張影像在一八九六年間廣泛流傳，看起來像是人類顱骨內腦部摺痕和腦回的X光片，其實是巧妙安排的貓腸X光片。

3 如果有人對這位可憐人的名字會心一笑，我必須說：他的全名是Homer Clyde Snook。（譯註：snook有張開手掌以拇指按著鼻子或鬼臉的意思，clyde有老古板之意。而Homer則是卡通《辛普森家庭》中老爸的名字。）

4 我試圖弄懂motion這個字為什麼可以當做「下消化道運動的產物」。這不是道森博士個人修辭的錯誤，這個用法在今日醫學寫作上依然存在。如果你曾經不幸參觀過網路上的「便祕網頁」（Constipation Page），你會看見這一段：「糞便（motion）或排便非常乾硬。」也許這正是motion pictures這個用語被movies取代的原因。看過了這個網站，我想，排便的婉轉說法中，movie比motion更好。「我很想多聊一下，但我得去make a movie了。」

5 難以下嚥
頭昏眼花的靈外質全盛期

劍橋大學圖書館有專屬的進出許可辦公室。如果你傻到試圖不靠劍橋證件走進去，就會被送到這裡來。我在外頭的走廊上等著申請單日進出許可，打算進入神祕的劍橋手稿閱讀室，那裡由「手稿與大學檔案管理人」負責看管，我想像他們是站在門口的警衛，穿著及踝長袍，脖子上掛著鍊條圈，繫著一把巨大鑰匙。要進去那裡真的讓我很緊張。

在等待的時候，我讀著大廳展示的聖文。「在劍橋大學圖書館的許多佛教作品收藏中，有一件非常重要的梵文棕櫚葉手抄本，約有一千年歷史……。劍橋大學擁有全世界最重要的佛教梵文手抄本收藏之一。」

同時，我到這來是為了檔案文件「SPR197.1.6」：所謂的靈外質。

靈外質出現在那指尖敲桌、靈魂密談、黑暗中怪事發生的靈魂主義（Spiritualism）全盛時代。它據稱是靈魂能量的物質顯現。是某些靈媒在恍惚狀態中滲出的，他們被稱為物質靈媒

（materializing medium）。「這東西似乎是從靈媒的細胞組織滲透出來，像氣體一樣，然後從孔口冒出來，因為比起皮膚，它比較能自由穿透黏膜。」芬德萊（Arthur Findlay）寫道，他是亞瑟芬德萊學院的創立者，致力於研究靈媒及其他超自然現象。靈魂主義者描述靈外質為生前與死後的連結，是物體與靈體的混合，是物理的也是性靈的，是一個「漩渦般的發光物質」。不幸的是，拍下來之後看來很像包乾乳酪的紗布。

最早的靈外質靈媒是夏娃C（Eve C.），她的排出物吸引了法國外科醫生兼靈媒研究者里歐（Charles Richet）的注意。里歐是人類溫度調節與皮膚蒸發的發現者，是治療肺結核的先鋒，因對過敏性的研究成為諾貝爾獎得主，也是《人與動物的胃液》（*Gastric Juice in Man and Animals*）的作者（不要每次都灌籃）。像他這麼重要的人士為靈外質的真實性辯護，讓人很難忽視。此外還有科學家、政治家、文學名人的降靈名單：心理學家威廉・詹姆士（William James）、詩人葉慈（William Butler Yeats）、推理小說家柯南・道爾（Sir Arthur Conan Doyle）、物理學家奧立佛・洛奇（Sir Oliver Lodge）、化學家威廉・克魯克斯（Sir William Crookes，真空管的發明者，因宣稱他發明物中的綠色發光氣體是靈外質而遭受嘲笑）、兩位首相，以及維多利亞女王。

簡單來說，靈魂主義是一股宗教風潮，試圖（透過靈媒）和亡者溝通，並藉由降靈會或其他通靈示範，向人證明這是可能的。死者並不被視為生命的終點，而是不同的階段，換個地址和風景而已。天堂（或夏之地，Summerland，為靈魂主義者習慣的稱法）不再是抽象的，而是一個你可以打電話過去的地方。靈魂主義的風潮在一八四八年由一對無聊的年輕姊妹瑪格麗特和凱特・福斯（Matgaret and Kate Fox）所開創，她們在紐約州海德司維爾（Hydesvill）家裡的農舍，與招來的神祕靈魂「交談」。那些聲響激發了當地鎮民的想像，以及姊妹的企業家精神，她們很快就開始邀請陌生人到家裡觀察那些過程，並酌收費用。不過幾個月時間，這家姊妹開始在全國各地巡迴，靈魂主義就此順利展開。它持續擴展並橫渡海外，在一次世界大戰後到達巔峰，大戰使得美國和歐洲成千上萬的家庭痛失愛子，對於能和死後親人接觸的保證特別容易接受。之後，靈魂主義的地位雖然走下坡，但在美國和英國依然存在，以英國較為盛行。

一九八九年，這可能是件非常為難的事，劍橋大學取得了心靈研究學會（Society for Psychical Research）[1]的檔案文件，由知名研究者調查早期靈媒的種種宣稱和事蹟。如果你想調閱「莫頓太太：飛椅的調查」或「留聲機錄音：據稱為班塔附身的演說」之類的資料，一位年輕、有著瑪丹娜般肌膚的手稿室服務員會把檔案找出來，放在你面前，一如他對待「皇家格林威治天文臺檔案」或「達爾文爵士種子標本」那樣敬仰與尊重。

靈外質不像飛椅那樣迅速被心靈研究學會人員拆穿，它接受詳盡嚴肅的科學調查已經超過二十年了。《科學人》（*Scientific American*）雜誌贊助了一項物質靈媒的研究，在一九二四年以連續四期刊登。一九二二年，巴黎索邦大學派了一個菁英科學團隊，出席十五場夏娃C的降靈會，試圖測試這位靈媒靈外質的真偽。（失敗。）一九二一年九月《大眾科學月刊》（*Popular*

Science Monthly）觀察到靈外質「可以呈現一隻手、一張臉，甚至一整個人的形狀」，而且「有趣的是，感覺像是人類皮膚的細胞結構」。一九二二年哈佛大學研究生戴孟（S. F. Damon）在《紐約時報》特載中談到，他相信靈外質就是古代煉金術士所謂難解的「第一物質」（first-matter）。一九二〇到一九二五年的《泰晤士報》索引，在「靈外質」底下列了數十條資訊，從嚴肅的研究報導到鬧劇般的探訪都有，像是〈男人咬了鬼，搞亂降靈會〉（「嘉拉佛真的滿嘴的靈外質……。」）然而，若你看過那幾百張靈媒「具形化」靈外質的照片中任何一張，就會明顯看出一切都是騙局，甚至還不是精心策畫的騙局。如同咬鬼者嘉拉佛的雄辯之言：「那些都只是棉紗！」怎麼回事呢？這些科學家的心理出了什麼狀況，就算只是一度相信，但他們竟然會相信這些事？

進出許可辦公室的女士叫我進去，要求看我的證件，和一封「學院引薦信」。我遞給了她一封來自心靈研究學會檔案室管理人的e-mail列印文件（親愛的女士，……據稱的靈外質不是個令人愉快的物體，我必須先提醒您！），就這樣。我進去了。

閱覽室在三樓。它有直入雲霄的天花板，巨大的窗格，賜福的光線朝下照耀著學生。桌子另一端的女人俯身對著筆記型電腦，一邊抄寫、一邊翻譯一綑以希伯來文書寫的冷藍色古老航空郵件。我左邊那位年輕人正在犧牲他的視力和社交生活，將其奉獻給中古世紀的土地轉讓。一位服務員送來我要求的東西：六個檔案、一本相簿，和一盒據稱的靈外質。那是紙板做的盒子，上面有裝飾圖案，並綁上一條帶子，像從甜點鋪帶回來的東西。它比我想像的還要大而華麗。在任何人來得及詢問那是什麼之前，我趕快把它放到地上。我打算稍後再打開，等我的桌友都離開去吃午餐的時候。

第一個檔案上的標籤寫著：「凱薩琳・高林傑（Kathleen Goligher）」。這個檔案附上一本相簿，相片上有高林傑小姐和她的靈外質，年份為一九二〇到一九二一。高林傑啟發了克勞佛（W. J. Crawford）博士的理論與實驗，他是貝爾法斯特皇后大學的機械工程講師。高林傑來自一個降靈師家族，四個女兒都是靈媒，以熱鬧的降靈會聞名，舉行地點在貝爾法斯特一間貼著俗麗壁紙的客廳。降靈會以典型的方式展開：靈媒會消失在一塊簾幕之後，或隱身進入一間靈媒室，燈光變暗，因為靈媒宣稱光線會影響他們的能力，並損害靈外質。然後開始一輪讚美歌與祈禱文。靈媒陷入一種恍惚出神的狀態，開始「展示」任何被吸引到房間內的靈魂，顯現它們的存在和力量。最常見的情況是，靈魂為了展現能力，會讓降靈會場中央人們所圍繞的桌子傾斜或上升。既然每個人都手牽著手，桌子飄浮起來[2]似乎沒有受到在座任何人的幫助。

大部分靈魂主義者都滿足於這個解釋，認為是鬼魂朋友的能量，引起桌子的震動和上升。但克勞佛想知道，到底死者是如何辦到的，而且是根據哪一個科學定理。他運用秤和壓力感應器進行一連串實驗，歸納出一個「可彎曲靈外質長桿懸臂」的理論，其收錄在一九二〇年杜頓（E. P. Dutton）出版的精裝本《高林傑圓圈的心靈結構》（*The Psychic Structures in the Goligher*

Circle）和《心靈科學的實驗》（*Experiments in Psychical Science*），還提供了難為情的細節。（杜頓出版了五本克勞佛的書而絲毫不覺厭煩，可見當時容易受騙的情況。杜頓檔案中有一封一九一九年的信，信中描述克勞佛的發現「對物理學而言極為重要，這麼說一點都不為過，它們指引了一條道路，完全顛覆了現在的觀念，建立了物質組成的新理論。」[3]）

採用物理學與工程學的定理，克勞佛計算，若是三十磅以內的桌子，靈魂會使用一個無支撐的懸臂，這也是真正的懸臂。靈媒會從他的「軀體」伸出「靈外質長桿」（ectoplasmic rod，這個委婉用法等一下會有更詳盡的解釋），沿著地板平行前進，直到桌子的中央，然後改變方向，升起一個直徑四寸的圓柱，接觸桌面底部，然後以一個有吸盤的器官緊抓住桌子。（他宣稱可以聽到「吸器」（suckers）——克勞佛實在不善措詞——「吸住並滑動木頭。」）如果桌子重量超過三十磅，克勞佛推論，那麼靈魂就會採用支撐式懸臂：角度先往下碰到地板做為支撐，然後才彎曲上升到桌底。

克勞佛在降靈會的桌底下加裝壓力紀錄器，試圖證明這兩種靈外質懸臂的存在。該裝置由兩片木頭組成，如果被壓在一起，會形成一個電路迴圈，引發鈴響。克勞佛告訴高林傑的靈魂協助者，或稱「操作者」，請他開始一連串的飄浮，先使用真正的靈外質懸臂，再用支撐式靈外質懸臂。如他所預測，只有在使用支撐式懸臂時，鈴聲響了。

克勞佛並沒有就此打住。他想要更多證明，而且是可以帶出降靈會場的證明，好讓他的同儕看到。讓我們看看第四號實驗：「懸臂圓柱底部的模型黏土印記」，也是克勞佛悲慘死亡的序曲，以下是克勞佛對實驗的描述：

我帶了一個裝滿柔軟黏土的小盒子到降靈會場，對「操作者」說：「你記得之前我們研究你讓桌子飄浮的方法嗎？我發現如果必要的時候，你可以馬上讓地板上的懸臂圓柱端升到桌底下，形成某種支撐，是嗎？」……回答：「是。」「那麼，我要把這個軟黏土的盒子放在桌底下，然後我要你用這個方法讓桌子飄浮。」……很快地，桌子立刻飄浮在黏土之上。……最後我檢查了黏土。上頭有一個很大的不規則形狀印痕，一邊三吋長，另一邊兩吋半。

在我面前的高林傑檔案，貼了一張黑白照片，照片中是一個以類似方法獲得的「懸臂」印記。那個印記不是克勞佛取得的，而是同時代的一個心靈學研究者布藍塞（Henry Bremset），他試圖在不同的降靈會中重複克勞佛的實驗。他在兩個餅乾錫桶中裝滿了油灰，放在降靈會桌下，並對靈媒解釋他希望達成的事。

一號錫桶，布藍塞在一封給心靈研究學會的信上說：「有一個完美的女鞋印。」二號錫桶有一個穿了襪子的腳後跟印，「呈現出編織的紋理。」第二張照片特別讓布藍塞覺得有點不舒服。他記得克勞佛在一篇論文中描述到一個印記，像是「一個巨大拇指的皮膚，而且紋路類似人類的拇指（印）。」布藍塞把他的二號照片寄給克勞佛，想看看他的詮釋。克勞佛完全沒有設想到，這枚印記有可能是穿著襪子的腳造成的。他回答說，他希望證明這些印記是來自靈媒把長桿伸出來的地方。

布藍塞充滿疑惑，一心掛念著，幾天後就搭了火車前往貝爾法斯特拜訪克勞佛。後來他在寫給心靈研究學會的信中描述這趟造訪：「我和他有一段誠懇的長談，討論我對於所見事物的解釋。他很明顯深深受到困擾，但依舊傾向他的新理論……。當我離開的時候，他看起來真的很憂心……，之後不久就聽見他死亡的悲劇。」

一九二〇年夏天克勞佛把自己淹死了。雖然他的自殺遺言表示他的舉動與「那研究」無關，但一般認為自殺動機是因為他瞭解到自己被騙了，而深深感到羞辱。

真正的神祕之處，在我看來，是他竟然花了這麼久的時間才弄清楚。在他的書中，他放了一張照片，圖說為「飄浮的懸臂法。懸臂位置草圖。」但照片中明明是一條薄膜般的白布帶，從高林傑的大腿出發，降下一英呎左右，然後往上彎曲到一張小桌子的底下。我完全不懂工程學，但我很清楚那物質沒有「支撐」任何東西。它只是軟弱地掛在那裡而已。根本沒有什麼神祕難解或隱晦不清之處。克勞佛的相簿中有好幾張高林傑的照片，她的腿上有長條「物質」垂下來，堆在她腳邊的地板上，綁住桌腳，看起來都像一般的布條，不可能誤認為其他東西。有一張照片中，高林傑的白襯衫頸部有團皺褶狀的織物，我整整花了一分半鐘去判定那到底是時髦的裝飾還是靈外質。克勞佛的相簿裡有許多相片是翻拍他的著作，但照片4F和5E除外：這兩張照片中高林傑放棄了標準的閉眼動作和靈魂附身的模樣，還張大了嘴笑著。

另一個可能是，克勞佛瘋了——這是胡迪尼（Harry Houdini）在一頓三小時的晚餐中看到高林傑的照片，聽完工程師解釋之後的感想。今天我所翻閱的這本心靈研究學會相簿，裡面的照片標題更證明了克勞佛對現實的理解力有問題。例如照片8E：「從這張照片可以看見白色和灰色兩種物質。克勞佛博士說灰色物質留下排泄物痕跡。」一九二〇年六月二十二日，克勞佛死前才在日記裡寫著，他正在思考靈外質可能是從靈媒的直腸排出的。他曾要求靈媒在降靈會中穿上白色內褲再交還給他，之後在白色內褲中發現「排泄物體」，這才開始有這種異端想法。把內褲上發現的一點糞便解釋為靈外質殘留，而不是衛生疏忽的自然結果，這還得要有某種腦袋才能想得到。我想，是有點精神異常的腦袋。克勞佛獨特的精神異常似乎包括了麻煩的內褲固戀（fixation）。除了白內褲，我們接下來發現「高度可能的事實，根據可靠的權威消息」，這是在心靈研究學會檔案中一封來自貝司特曼先生（Besterman）的信。在克勞佛自殺前不久，貝司特曼寫道，克勞佛「花光他所有的錢（結果什麼也沒留下）在一堆給他家人的毛織內褲上，足夠穿上好幾年。」

在克勞佛死後，心靈研究學會派了另一個研究者傅尼葉達比（E. E. Fournier d'Albe），繼續高林傑家族的研究。傅尼葉達比在事業生涯早期，曾經斷定夏娃C自體排出的靈外質是真的，但他一開始還是懷疑高林傑，主要是因為克勞佛的照片。一九二一年六月二十三日，他第九次出席高林傑的降靈會，對於克勞佛照片中的靈外懸臂，他槓上了鬼魂：「我搞不懂這構造。有些地方看起來像是編織的。你那邊的世界有織布機嗎？」

之後不久，傅尼葉達比抓到高林傑用她的腳抬起一張凳子。傅尼葉達比相信她的靈外質在貝爾法斯特市中心就可以論碼買到，於是他買了一碼精緻雪紡紗，近拍了一張陰影投射照，拿來對照「靈外質長桿」的陰影投射照。兩張看起來是一樣的。

傅尼葉達比一邊測試高林傑家族的能力，一邊讀完克勞佛的通信和未出版的降靈會紀錄。高林傑的「物理構造」正是她的右腳，但克勞佛一次又一次誤解了直接證據。「摸著那構造的末端，」克勞佛在一九一九年十月的降靈會筆記中寫著：「有一度我感覺那部分像是骨頭，靠在一起，像趾骨彎曲……，或像腳趾，甚至有指甲。」即使克勞佛曾經起疑，他卻完全沒有提出來。

一九二二年，高林傑以神經緊張的理由從靈媒界退休，時間就在傅尼葉達比的書出版之際。心靈研究學會檔案中還有個信封袋，裝了幾張快照，拍攝於十五年後高林傑的一場降靈會。她已經很少出面，這次是因為一個名叫史帝芬遜（Stephenson）的研究員不斷鼓吹她。史帝芬遜在高林傑面前放置一個構造隨便的木頭和一個鐵絲網籠，用來捕捉靈外質。高林傑看起來比她的年紀衰老。她低著頭，雙手握在腿上。沒有人在笑。要不是因為放在他們腳邊的兔籠，這些人看起來就像一個無聊茶會裡的無聊賓客。就連軟癱在地毯上、像塊破油漆布的靈外質，看起來也很疲倦。

高林傑靠著克勞佛的輕信，建立自己的名聲和一堆可以開布店的排出物，大約同時，波士頓的靈媒瑪喬芮・克藍登（Margery Crandon）則開始愚弄那些最厲害、最聰明的人。一九二四年，《科學人》雜誌提供五千美元獎金，只要有靈媒能夠製造出可驗證的「可見的超自然顯現」，就能獲得這筆錢。靈媒必須在研究委員會面前展示才能，該委員會主席為《科學人》雜誌編輯博德（Malcolm Bird），其他組成分子有哈佛心理學家麥戈道（William McDougall）、麻省理工學院名譽博士康史塔（Daniel Comstock）、美國心靈研究學會成員普林司（Walter Prince）和凱林頓，以及魔術師兼永遠的靈媒揭穿者胡迪尼，而唯一一位有資格在委員會面前表演的靈媒，就是波士頓的克藍登，她的丈夫是在哈佛受訓的產科醫生，她本人也引起美國心靈研究學會的大肆宣傳（現址在紐約，當時在波士頓）。

在二十場降靈會之後，《科學人》雜誌委員會對於結論意見分歧。胡迪尼和麥戈道相信她是騙子。康史塔和普林司含糊其詞，他們說瑪喬芮雖然無法證明自己，但他們還需要更多資料。另一方面，博德和凱林頓宣布他們相信她的現象是真的。（博德和凱林頓都被指控視而不見，甚至參與騙局，為的是獲得個人利益，像是抽取版稅或演講費用。）麥戈道和胡迪尼指出，對瑪喬芮的手腳加以愈多限制，她就愈不能製造出靈外質。「謹慎多一點，奇蹟少一點。」麥戈道這麼形容。胡迪尼一度為她建造了一個特別的箱櫃，看起來就像一九六〇年代反派用來鎖住龐德，然後把溫度調到最高的蒸汽櫃。最後，委員會投票決定，結果不給她五千元獎金。博德終究受到《科學人》總編輯穆恩（O. D. Munn）的責難，他在最後一刻把博德的最後一篇文章從雜誌上抽掉了。我沒有追蹤《科學人》雜誌這件事的發展，但博德稍早對於瑪喬芮降靈會嚴肅的七千字詳盡報導，看來會是事件的谷底。

瑪喬芮的靈外質和高林傑的完全不同。「外表看起來有點像是羊的網膜，」美國心靈研究學會檔案的照片說明這般寫著。（網膜是一層脂肪，從胃部垂下來隔開腸子。事實上，瑪喬芮的物質來自羊的肺臟，這是三年後麥戈道將照片提供給哈佛動物學和生物學團隊分析後所得的結論。）照片中是兩個戴著領結和眼鏡的男人，看起來很專心地傾身靠近降靈會的桌子，仔細觀察那一堆非常令人倒胃的「靈外質」。瑪喬芮的身體出現在背景中，穿著有點不協調的絲質印花洋裝，緊貼著她自己排出的大量網膜。第二度也是同一場景，靈媒癱倒在降靈會桌上，彷彿她被人從頭部槍殺，「物質」這下子懸在她的脖子和身朵。第十四張，顯示靈外質從瑪喬芮的鼻子中漏出，據靈媒所說，那是「呼吸道談話的附屬物」，那裡正是華特（Walter）用來顯靈的地方，他是瑪喬芮死去的兄弟以及現在的靈導（spirit guide）。

雖然瑪喬芮的靈外質似乎願意從任何方便的孔洞進入這世界，但它們多半從她的大腿間出現。在第五張照片：一隻「粗糙原生質的手，來自外陰部」，在所有記載物質靈媒的文獻中，陰道似乎是靈外質最常採取的出道策略。的確，在克勞佛皈依他的直腸理論之後幾個月，他假定物質可能是從「腿的裡面」發出的。於是，他以其無與倫比的克勞佛風格，設計出一個穿著特殊內褲的實驗。「靈媒在我太太的監視下穿上白色短內褲，」他在《高林傑圓圈的心靈架構》中寫道：「並把胭脂粉撒在她的鞋子裡。在降靈會的最後，發現紅色的痕跡往上延伸到兩隻襪子頂端，然後沿著腿「進入」短內褲交會……。因此，如我所預期，原生質從靈媒的身體發出，再經由軀幹回到體內。」為什麼靈外質在回到「兩腿之間」以前，需要先造訪靈媒的鞋子裡？這是克勞佛沒有說到的神祕之處。

現在我要把麥克風交給麥戈道。我們有多少機會能夠聽到哈佛教授發表陰道排出靈外質的相關研究？「這是一個很好的證據，有時候，或也許每一次，『靈外質』是從特定的一個『解剖學上的洞口』排出的。」麥戈道在《科學人》雜誌的摘要意見中表示。「更有趣的問題是，它是如何進到『那器官』裡面的？它位在那裡並從那裡發出，並沒有證據顯示那是靠正常方式達成的。」換句話說，請原諒我，她把它塞進去，然後把它拉出來。

關於瑪喬芮及其靈外質的爭論，話題延續了一整年。有人懷疑在她的女性身體內部，怎麼有空間給那一堆降靈會中產出的物質？而且有時候是非常驚人的一大堆。魔術師科德（Grant Code）在一九二五年的一封信中描述，瑪喬芮曾被人逮到「從陰部拉出兩三個物體，當做華特的手腳展示在桌上。」科德覺得很難想像她是怎麼做到的，並懷疑瑪喬芮的丈夫是否可能進行過外科擴大術，如他所言：「在瑪喬芮最方便的儲藏室。」畢竟他是個產科醫生，是個做過超過一百個以上剖腹生產手術的老手。

因此，爭論惡化成為誹謗與威脅。克藍登先生對科德的暗示予以還擊，控告科德在降靈會上強暴了他的太太。心靈研究學會的普林司博士為科德辯護，還說克藍登醫生最近丟了職位，因為他「有計畫地引誘護士」。瑪喬芮威脅胡迪尼說要「痛打他一頓」。就連無形的華特都參與了這場混戰，稱科德為「一個傻子」。其中一封罪證確鑿的信，來自麥戈道的同事萊因（J. B. Rhine），他即將把超自然研究導向更嚴謹（或更不具娛樂性）的實驗，轉變成猜紙牌和丟骰子。（萊因創立了杜克大學最有名的超心理學實驗室。）以下萊因的這段話，是人們最需要的理性之聲：

> 我們離開那房子，覺得什麼也沒看到，除了一個大膽但巧妙掩飾住的企圖，想要製造聲名。為什麼我們必須坐在黑暗中，而克藍登醫生卻可以未經預告地閃爍他的白色閃光燈……？如果光線會傷害那構造（據稱那是靈體），華特為什麼要捉住擴音器的發光端，用他的「捕捉器官」蓋住光線？為什麼在某些動作時，克藍登博士必須站在靈媒旁邊「以保護她」？為什麼他們拒絕讓人把手指放在靈媒的嘴唇上，以測試華特是否獨立發出聲

音?……

回到靈外質的儲藏室這個話題。說到這件事的可行性，應該先提到，瑪喬芮並不是歷史上第一個大型動物殘骸的陰道走私者。一七二六年，有個謠言傳遍英格蘭，一個來自吉爾福德（Guildford）邊界的村婦，她生出了兔子。（醫學史家邦德森〔Jan Bondeson〕以詳盡精確的細節，在他了不起的《醫療珍奇檔案》中敘述了這個故事。）謠言迅速傳到威爾斯王子耳中，他深感興趣[4]，立刻派遣宮廷的解剖學家聖安德瑞（Nathaniel St. André）去調查。聖安德瑞是個野心大的自我推銷者，沒有受過真正的醫學訓練，他到的時候發現瑪莉正在分娩，將產下她的第十五隻兔子。兔子的十四個兄姊都是死胎，被展示在酒精罐中，由瑪莉自豪的男助產士豪爾（John Howard）[5]所製作。帶著假髮的聖安德瑞進入房間後幾分鐘，一隻沒有皮的四歲大兔子的前半部落入豪爾的接生籃。豪爾向聖安德瑞推論，一定是瑪莉收縮時的力量把兔子壓斷並剝皮了。那晚後來，瑪莉「生出」那動物的後半部。邦德森描述，豪爾和聖安德瑞專心地把兩半拼在一起，加上之後又產出的兔子皮，認定為完整的一隻兔子。

回到宮廷後，聖安德瑞的屬下負責驗屍，在直腸裡發現常見的兔子糞粒，這明顯指向詐騙，但聖安德瑞刻意忽略。那傲慢自大的解剖學家擔保了瑪莉的真實性，王子下令將那村婦帶到倫敦，她和豪爾在那裡享受了短暫的名氣和（相關的）財富。不幸的是，瑪莉的倫敦訪客之一，即是受人景仰的產科醫生曼寧漢（Sir Richard Manninghan）。當瑪莉試圖使用半個豬膀胱假冒胎盤，曼寧漢（你一定愛死這個傢伙）隔天拎了一個新鮮豬膀胱回來做為比對。然後，瑪莉無法解釋為什麼她的胎盤會有「豬膀胱獨特強烈的尿味」，就哭了起來。

瑪莉最後落在她住所的門房手中。在倫敦市中心無法得到兔子，她試圖賄賂門房去幫她想辦法。門房招供了，最後瑪莉也只能承認。她解釋，當醫生轉身背向她的時候，她就把兔子或兔子的一部分放進她的產道，而那之前是藏在她裙子裡一個特別的「兔袋」裡。到底豪爾是騙局的一部分，或只是另一個受害者，這點永遠不會清楚了。可以清楚的是，男性醫生專家可以被陰道騙局害得很慘。

下午一點四十分，但我這一桌沒有人離開去吃午餐。我拿起了那盒靈外質，把它放在大腿上。它比我想得還糟。塞在帶子下面的是一張三乘五吋的卡片，上面有官方檔案摘要的打字：

此物質據稱採自海倫・鄧肯（Helen Duncan）這位物質靈媒，在一九三九年的降靈會上……她被脫去衣物搜查過，但沒有檢查陰道。此物質有氣味，而且上頭有等距離出現的血跡。據推測血跡可能是在物質摺疊的時候滲進去的，最可能的解釋是，它被藏在陰道裡。

在盒子裡，一個泛黃的信封用一條粉紅斜紋帶子綁起來。那是個很大的信封，比四個月的兔子還要更大更重，我猜重量大概接近一磅。那是很大一堆惡臭的靈外質。那是很大一堆要在這安靜的劍橋手稿閱覽室中攤開來檢查的惡臭靈外質。我想把它偷偷帶出這裡，到洗手間再打開，但我的包包寄放在樓下置物處，這是每個手稿室都會有的規定。喔，為了兔袋而定的。

我回到海倫．鄧肯的檔案，希望當我讀完的時候，這一桌的人都會因為飢餓昏倒或回家去。鄧肯是靈外質的最後一戰。而且是了不起的一戰。她是一個裝腔作勢的蘇格蘭女人，身體不好而且習慣不好。鄧肯體重將近兩百五十磅，她不斷抽煙而且明顯行動困難，通常需要幫助才能從椅子上站起來，走到降靈會房間的另一端。她有九個孩子，他們會吊著她的裙襬並測量她的塊頭，像個小小登山家。一位生物學家描述了坐在她腿上那個最小的孩子，會把玩她粗肥上臂垂下來的肉。她的降靈會非常戲劇化，她常常昏倒，然後從椅子上跌下，有時候在著魔的狂熱中把自己弄得一身溼。她曾經在降靈會的密室中裸身出現，身上覆著垂至地板的「靈外質紗」。對於靈魂主義純粹只有偷窺興趣的人，鄧肯是鎮上最熱門的票。

鄧肯製造靈外質的迅速與肉慾，就像製造子嗣一樣。但這兩者並不是出自同樣的解剖學洞口，除了文件SPR 197.1.6之外。由於一九二〇年代瑪喬芮和其他靈媒的絕技弄得人盡皆知，到了一九三〇年代，在降靈會開始之前，靈媒都經過研究者徹底搜查身體洞口。「徹底」的意思是：

一九三一年五月十四日

在檢查過降靈會房間和箱櫃之後，靈媒由戈德尼女士帶進房間……門鎖起來，靈媒安置在一個小沙發上……，在布朗醫生面前，戈德尼女士（她曾經受過訓練，並在產科醫院工作過好幾個月）徹底進行陰道和直腸的檢查。直腸會一直檢查到消化道的一部分，而陰道檢查也非常徹底。

這段紀錄是由魔術師轉為心靈研究者的普萊司（Harry Price）所寫，他描述一場降靈會的準備工作，地點位在倫敦「國家心靈研究實驗室」(National Laboratory of Psychical Research，NLPR)，這是一項為期兩個月的研究，靈媒鄧肯為受試對象。普萊司的研究考慮了所有面向。他設計了一種預防騙局的特殊「降靈會服飾」，可以罩住靈媒全身，包括手腳，只有頭露在外面。所以就算戈德尼女士在解剖學檢查中打算漏掉什麼，鄧肯也不可能讓任何東西露出衣服外給大家看。普萊司將調查報告集結成書，當中收集了十幾張鄧肯穿著特殊服飾的照片。那是絲製的跳傘裝款式，結合鄧肯太太可觀的胸圍，令人想起晚期的貓王，或義大利歌劇中的悲傷小丑。我必須指出，鄧肯太太在國家心靈研究實驗室所受的屈辱，得到了慷慨的補償，總共五百英鎊。這有助於解釋這位靈媒看似不可思議的決定，竟然願意在國家心靈研究實驗室拿她的事業生涯冒險。

普萊司感到驚訝且困惑，儘管他小心防範，鄧肯還是在降靈會開始幾分鐘內就製造出六呎長的靈外質。「降靈會服飾應該可以完全避免我前述孔洞的藏匿或抽取，就算她沒有經過醫學檢查。」普萊司被迫排除「陰道直腸理論」，想出一個同樣特別的可能性：「那靈媒擁有一個假胃或第二個胃（食道憩室），就像瘤胃（即反芻胃，反芻動物的第一個胃），她可以吞下很多物質然後在有空的時候反芻，就像牛反芻食物一樣。」

這個想法其實不算牽強，尤其在普萊司那個年代。搜尋一九〇〇年代早期的英國醫學報導，你會看到關於人類反芻的長篇大論：似乎一般人民都可以輕鬆「提出」他們最近一餐的一部分，進一步咀嚼，並當做是相當常見的娛樂。「比蜂蜜甜，而且伴隨著更令人愉悅的滋味。」這是一個瑞典反芻者布洛克班（E. M. Brockbank）的文章〈人的反嚼或反芻〉（Merycism or Rumination Man）中的說法，刊載於一九〇七年二月二十三日的《英國醫學期刊》。

沒有人知道這種生理狀況是遺傳或後天的。布洛克班提出一個罐頭工人的個案，以支持遺傳這一方。「他視之為完美的自然現象，由他的祖父或父親傳給他，並傳給他所有的姊妹兄弟，以及他們的小孩。他的妻子是個聰明伶俐的女人，非反芻者，她非常明確地表示，孩子一開始會走路的時候，就會反芻一嘴的食物。一開始他們會吐出來，之後他們就開始反芻，尤其是在他們喜歡的一頓飯之後。」其他生理學家堅稱這習慣是來自模仿，所提出的證據是一個一輩子與牛群為伍的瑞士反芻者，以及一個被山羊哺乳了兩年的男孩，「從養母的習慣學來的」。

雖然這些人的行為看起來和牛一樣，但只有在牛身上才有實際用途。不過有些例外，例如一八三九年《刺胳針》裡的農夫個案研究：「為了節省時間，他養成一個習慣，他會『狼吞虎嚥』他的食物，然後回到馬背上，在空閒的時候一點一點地咀嚼他的晚餐。」農夫並沒有尋求醫學建議，直到晚年，他小有財富之後，試著和一個比較上流的人士混在一起，那人覺得他的習慣「非常噁心」。我讀到的這兩頁，暗示反芻在勞動階級中被認為是正常的行為，這表示十九世紀勞動者反芻食物，就像現代大聯盟投手咀嚼菸草一樣平常。而現在，反芻的文章局限在心理或發展受損的個人身上。（令人高興的是，這是有救的。華盛頓大學的吞嚥中心[6]最近完美達成一項外科技術，可以立刻停止反芻動作。）

普萊司認為人類反芻者像牛一樣有許多個胃，這當然不是真的。這個頑固的謠言受到十七世紀兩件有角反芻者的個案支持，一個是獨角的帕度瓦貴族，一個是雙角的僧侶。在此例的解剖驗屍中，發現反芻者的胃是正常的，這才停止了謠言。一位名叫沙赫斯（Sachs）的外科醫生也有功勞，他寫了篇論文探討一百件殘角者的個案，發現其中只有一個反芻者。[7]

普萊司猜測鄧肯把儲存在備用胃裡的靈外質拿出來反芻，其實他錯了。鄧肯的個案比較像一種技術熟練的回吐。在普萊司和鄧肯的年代，回吐表演可算表演節目的台柱。在普萊司所著的《回吐和鄧肯的靈媒現象》（*Regurgitation and the Duncan Mediumship*）中，他描述了回吐的活金魚和蛇、燈泡、剃刀、懷錶、刺刀、兩個八磅的啞鈴，和一把收好的傘。同事胡迪尼在華沙看過一個吞青蛙者，吞下了三、四十杯啤酒，和數目不詳、尚未長大的幼蛙，然後再把牠們活著吐出來。我搞不清楚啤酒是為了幫助那個過程、還是那人的心理狀態，還是幫助青蛙？

因此，鄧肯確實有可能吞下並回吐出那幾大捲棉紗布。為了展現這種織物緊實而方便，普萊司買了一塊六呎乘三十吋大小的布，緊密捲繞起來，然後拍下他的祕書艾瑟兒嘴裡塞著那些布，像被黑手黨塞住嘴一樣。

比艾瑟兒的照片更證據確鑿的，是一九三一年五月二十八日降靈會後，鄧肯太太對於照X光的要求大發脾氣的反應。普萊司想要查出她是否有「假胃」，或她的胃裡有什麼東西。他知道要從「靈媒深處」得到清楚影像的機會很小（早期X光技術有限），但她並不知道。當儀器準備好了，鄧肯太太突然從椅子上跳起來，打倒布朗醫生，推開戈德尼女士，一邊尖叫一邊笨拙地跑到街上。她的丈夫（也是被懷疑很久的共犯）在後面追著，兩個人就此消失了十分鐘。普萊司和他的團隊懷疑，她可能在這段期間把織物吐出，交給了她的丈夫。這在優雅的行人們看來會是什麼樣的景象：一個氣喘吁吁、歇斯底里的女人，穿著小丑裝，吐出一捲棉紗布。

等他們回到實驗室，鄧肯太太看起來很平靜，她同意，不，是堅持要接受X光檢查。普萊司不是笨蛋，他把鄧肯先生拉到一邊，問他是否反對搜身。鄧肯先生果然反對，「咕噥著他的內褲什麼的。」這些傢伙老是跟內褲有關。

更多對於回吐理論的支持，來自倫敦靈魂主義者同盟（London Spiritualist Alliance）的研究部門，他們也針對鄧肯太太的幾場降靈會進行調查。在同一年夏天的六月十二日，鄧肯被要求吞下一顆含有亞甲藍的藥丸，好讓任何回吐的物質都染上顏色。那晚沒有出現任何棉紗布（雖然靈媒一度試圖以她的舌頭假裝靈外質）。

在鄧肯最後一場降靈會之後兩個星期，國家心靈研究實驗室的審議會召見鄧肯先生出席一次會議，提出他們的懷疑。他們有備而來。普萊司帶來十一頁詳盡且證據確鑿的、有關鄧肯靈外質切片化學分析的實驗室報告，那是由鄧肯太太的導靈亞伯答應提供的（普萊司描述這個降靈會看起來就像個縫紉茶會，圍了一圈男人女人，帶著剪刀靜靜坐著，等待亞伯帶頭開始。）審議會接著讓鄧肯先生看一張他太太癱在她的靈外質上的照片，旁邊並列著一張照片，是普萊司最佳戰友祕書艾瑟兒以類似的姿勢癱在一長幅廉價棉紗布上。鄧肯說不出差別在哪。終於，在六月二十二日一次「交心之談」中，鄧肯先生承認靈外質有可能是回吐出來的，不過他堅持那是「潛意識的回吐」。

「我們指出，」普萊司寫道：「如此一來，她就必須……潛意識地去買棉紗布……並且潛意識地吞下那袋子。」普萊司這位名符其實的「代價博士」（Dr. Price）提供鄧肯先生一百英鎊，去說服她太太同意讓他們拍下這些行為。鄧肯先生承諾盡力而為，但這對夫妻隔天早上就匆忙逃離蘇格蘭了。

在我腳邊那盒靈外質，上面標示的年代是一九三九年，所以鄧肯太太至少又重施故技過一次。這個樣本可能是同類樣本中最後一個。瑪喬芮早已因為那令人氣餒的兔袋式降靈會被勸退。高林傑也已經消失多年。《紐約時報》已經十二年沒有半篇關於靈外質的文章。就我所知，這是最後一個製造出來的樣本，是靈外質一族的伊希[8]。

盒子裡是一個粉紅斜紋緞帶綁住的信封。我把它拿出來放在桌子上。我拉著粉紅緞帶的一端，緩慢且戲劇性地，就像一個解開愛人馬甲的男人。相較於較常見而且較容易壓緊的棉紗布，這是某種有絲緞光澤的棉布。污點是黯淡的棕色，氣味不算明顯，但可以察覺得到。我把它攤開來看看大小：我猜是十呎乘三呎。很大一塊。彷彿是手稿檔案室的管理員某天喝醉了酒進來，把杜林裹屍布和海倫·鄧肯的靈外質弄混了。那位希伯來文讀者抬頭瞥了一眼，然後不發一語地回到她的工作上。

我不在乎有多少個小孩是從鄧肯的產道出來的，但我很難相信任何女人可以從那個大小的開口「藏匿」進去這麼多的布。要不是接受過波士頓婦科醫生克藍登的外科手術，我猜那就是鄧肯先生，這個堅持在降靈會上坐在太太旁邊的人，神不知鬼不覺地偷塞給她。

[8] 編按：伊希（Ishi），美國原住民Yahi族碩果僅存的一人，一九一一年在加州被發現，終其一生成為學者研究的對象。

儘管和鄧肯夫婦之間有過這段波折，普萊司並沒有放棄希望。他認為有些靈媒擁有真正的力量。在普萊司的書末，他對靈媒魯迪・史耐德（Rudi Schneider）的真實性做出樂觀的宣告，這個人以在特別激烈的降靈會上突然射精而出名。（令我驚訝但非常感謝他的是，他並沒有試圖把射出的精液當做靈外質。）我不知道史耐德全部的故事，我也不打算去挖出來，因為我想要回到現代。快速前進到二〇〇四年的國家心靈研究實驗室：亞利桑納大學的「人類能量系統研究室」（Human Energy Systems Laboratory），在那裡，他們測試現代靈媒。

我把靈外質放回信封，綁上漂亮的粉紅緞帶，把盒子還給它的管理者。晚上八點鐘，我回到倫敦，去了旅館那條街上的巴基斯坦餐廳。為了向瑪喬芮・克藍登致敬，我點了羊肉。

註釋

1 我從不掩飾自己是個心靈研究學會迷（該機構成立於一八八二年），尤其是對它的季刊。裡頭有同好評論的文章，一本正經地談論魔咒印記與會說話的貓鼬之間的相同處。還有桌子扣擊（table-rapping）的時域分析，以及治療者對萵苣種子發芽影響的田野調查（例如，「圖二：治療者『影響』種子，由通靈治療者模擬」）。某個時期的心靈研究學會會員名單還包括了一個瘋太太（Mrs. H. G. Nutter）、一個怪先生（Mr. Harry Wack）和一個癲女士（Mrs. Roy Batty），對我而言這些都是巧合罷了。

2 通常靈媒會用她的腳操控家具。「靈魂抬桌」輔助器材在夕維斯特公司（Ralph E. Sylvestre Company）只要花十二美元就可以郵購。（「幾乎所有知名靈媒都使用我們的商品」，一九〇一年的型錄如此誇口。）其他輔助物品還包括了伸縮長桿、自動演奏喇叭和發光具形靈魂（「可以逐漸出現，飄浮在房間中，然後消失。」）

3 然而，雙方並沒有為版稅的新理論指引出一條道路。對於克勞佛要求把版稅提高一倍到百分之二十，杜頓禮貌地回絕了。

4 對婦科醫學的熱衷，是威爾斯領土一直在進行的主題。兩個半世紀之後，威爾斯親王會被逮到在一通手機電話中傾吐欲望，想要轉世成為愛人的衛生棉。

5 帶著鉗子和刀子的男助產士，此際才開始出現在產科中，令一向溫和的助產士同業公會很不滿。「的確，嬰兒是活著出世的，但腦在頭部之外運作著，這是過度使用器械所造成的。」助產士激進派莎拉・史東（Sarah Stone）在一七三七年的書《完全助產手冊》（*A Complete Practice of Midwifery*）

中提出警告。

6 不是西北吞嚥中心、南加大吞嚥中心、聖十字、魯斯克學會（Rusk Institute），也不是內布拉斯加醫學中心。當然，「吞嚥中心」原本是指腦幹的一塊地方，協調咀嚼、哽喉、嘔吐、咳嗽、打嗝與舔舐，全都沒什麼好大驚小怪，而且沒有國家衛生研究院的資金援助。

7 我曾經在費城的慕特博物館（Mütter Museum）看過一個有角的人頭蠟像模型，但我不知道這種生理狀況有那麼常見，可以讓一個醫生為一篇文獻回顧論文蒐集到一百個個案。但我懂什麼？也許角在那個時代就像是足底疣一樣。也許沙赫斯任職於帕度瓦大學的角中心。

6 靈媒的重大宣稱

在亞利桑納實驗室接觸亡者

蓋瑞．史瓦茲（Gary Schwartz）是少數學術與性靈的綜合體。他是康乃爾大學「優秀大學生榮譽學會」的主要成員，也是前耶魯大學終身職教授，但他最為人所知的成就，是他對靈媒的實驗測試，以及他的著作《靈魂實驗》（*The Afterlife Experiments*）。他目前是亞利桑納大學[1]心理學教授，也是該大學「人類能量系統實驗室」的創立者。我在下榻的旅館等他，不知道自己應該尋找一個穿斜紋呢外套的男人，還是穿吊帶褲的，還是，救命啊，兩者都穿的男人？史瓦茲把事情搞得更複雜，他穿著雙排扣西裝出現，一輛白色積架停在車位上。無論他打算幹什麼，他都幹得很好。

史瓦茲的實驗資料讓他得到結論：的確有人，即少數有天賦的靈媒，可以和已經死去的人溝通。史瓦茲不像我在美國另一個進行超自然研究的維吉尼亞大學所碰到的研究者，他能夠以坦然且毫無保留的態度，陳述他對死後世界的結論。當我們開車沿著土桑（Tucson）以多肉植物點綴的平緩街道行駛，他告訴我，他正在為《美國心理學家》（*American Psychologist*）寫一篇論文〈重新檢驗死亡假說〉（Reexamining the Death Hypothesis）。如題所示，還沒有人能夠確切證明，肉體的死亡對居住其中的人格而言就是真正的盡頭。那只是個假說。

就像一九〇〇年代早期的靈媒研究，史瓦茲把一些最常被談論到的靈媒帶進他的實驗室。譬如約翰．愛德華（John Edwards，電視節目《跨越》〔Crossing Over〕的靈媒），他也屬於該實驗中受試靈媒的「夢幻隊伍」。史瓦茲的最新發現是愛麗森．杜波（Allison Dubois，NBC的《靈媒》節目就是根據她的生活拍攝而成）。

也許是因為在飛往土桑的飛機上讀了那邋遢好鬥的海倫．鄧肯傳記，我完全沒想到一個靈媒竟然可以長得像個選美比賽冠軍。杜波有一頭柔順的鏽紅色長髮，髮梢微翹剛好襯托她的古銅色口紅。她的腮紅和粉底可能是噴霧上去的，非常均勻完美。她看起來就像化了妝，但是又像是未曾修飾過的麗質天生。我對於一個女人如何做到這一點的了解，並不多於我對一個女人如何和死人溝通的了解。杜波真是超自然地好看。

在成為靈媒之前，杜波的事業之路是進入馬里科帕郡（Maricopa County）檢察官辦公室擔任刑事檢察官。二〇〇〇年六月，有人擋了她的路。還不只如此。「我下樓去拿洗好的衣服，結果有一個男人穿過我走過去。」在午餐的時候她告訴我。她正準備熱情地攻擊一塊和她的腳一樣大的蘋果塔，她的腳不大，但對蘋果塔而言算是非常大了。杜波纖細的骨架掩飾了她對食物的狂熱，那些食物似乎跑進了她的解讀之中，她的解讀通常包括所謂「無形者」的食物偏好，洗衣間的無形男人也不例外：「我知道他喜歡蛤蜊巧達湯，而且他有心臟病。」她跑上樓告訴她的丈夫喬，他是個航空工程師。喬瞇著眼看著她，就像一個人突然面對配偶可能心神崩潰時的表情，然後他說：「那是我爺爺。」

在碰見亡者幾個月後，杜波看見新聞節目《日線》（Dateline）的一個片段，是關於史瓦茲的靈媒研究。「我在想，『我要去見他。』我要向自己證明我並不是真的有這種能力，然後繼續回到我的事業。」杜波令史瓦茲印象深刻，因為她擁有真正的天賦。檢察官辦公室得等一等了。

杜波是參與「問問題研究」（Asking Question Study）計畫的四個靈媒之一。我很喜歡這個研究，因為它提出了我對靈媒與亡者往來這件事的最大抱怨。亡者似乎從來不會提到明顯的事：那些你以為他們應該會爭先恐後談論的事，以及我們還沒死掉的人瘋狂想知道的事。例如：嘿，你現在在哪裡？你一整天都在做什麼？死掉的感覺是怎樣的？你看得見我嗎？我上廁所的時候你也看得見嗎？你可以不要這樣嗎？就算他們肯說，也只會說出片段印象：一個灰頭髮的胖女人、一隻小黑狗、五月二十三日。那真是令人抓狂的溝通方式。史瓦茲和他的靈媒會回答說，那是亡者所能做到最好的程度了，因為他們無法說出完整的句子，再傳達到靈媒的頭腦裡。只有片段印象，就這樣。

貝雪（Julie Beischel）是「問問題研究」的幕後研究人員，她懷疑亡者之所以從未提供這種資訊，可能是因為沒有人問過他們。貝雪是亞利桑納大學心理學博士後研究員，和杜波一樣，她也是在看了電視節目之後，才和史瓦茲接觸的。貝雪原本是藥物學的學生，她在母親過世之後開始對超自然產生興趣。（這在超自然研究者中是很常見的。如她所說：「每一個做這研究的人，都曾失去過某個人。」對於那些原本較不可能相信靈魂主義的人，這當然也是改變他們的原因：柯南．道爾爵士和物理學家奧立佛．洛奇爵士都在一次世界大戰期間失去兒子。）

貝雪在清單中列出了三十二個死後問題，已經透過四個靈媒，向兩位無形者提出（每一個靈媒輪流接觸這兩位亡者）。貝雪此刻尚未分析那些資料，不過她幫我列印出當時所蒐集到的答案。對於同一個問題，這兩位亡者提供不同靈媒的答案並不相同。例如「你吃東西嗎？」這個問題，得到的答案吃和不吃各一半。我問貝雪她如何解讀這一點。她以其非常直接大膽的方式說：「我的解讀是，靈媒是用猜的。答案也可能因為靈媒對於死後世界的想法而產生偏差，或者，這問題對亡者而言，沒有足夠興致讓它認真回答。」這大致上說明了一切。為避免這些答案真的來自未知世界，我先為你整理一些重點，回答分別來自不同靈媒。我們先從好消息開始：

問：你每天都在做什麼？

答：她向我顯現自己坐在桌子旁吃東西。

問：你擁有的「身體」是哪一種？
答：她說胖子在這裡都很瘦⋯⋯。
問：天氣怎麼樣？
答：就像不那麼潮溼的佛羅里達。

然後，一些沒那麼好的消息：
問：那裡有音樂嗎？
答：有。她抽出一個木琴然後開始，繃、繃、繃繃繃。我還聽到木匠兄妹。
問：那裡有天使嗎？
答：有⋯⋯但他們自成一群。他們有他們自己的事要做。
問：你有性行為嗎？
答：我不知道，她好像可以但她選擇不要或是怎樣，但就像是，不，其實沒有。

還有關於有企圖心的作家：

他向我顯示他在寫作。（實驗者：他在寫一本書？）我不知道。我是說，既然你知道他們並沒有，嗯，生理上的限制，所以管他的，為什麼不呢？你知道，找個地方發表你的故事吧。我不知道那會發表在哪裡，某個地方就是了……

關於正式的研究資料，我還要補充最後一點死後的相關說法，那是杜波告訴我的，她在一次私人降靈會中有一個無名的無形者告訴她：「我現在可以穿打褶褲了。」

由現代大學所主持的研究中，貝雪雖是第一個針對這些議題進行研究的人，但長久以來，死後研究者和靈魂主義者早就對亡者提出過這些問題。第四章介紹過的荷蘭科學家馬特拉和澤司特，也就是運用箱中圓柱體裝置來證明靈魂的那兩位，也曾透過靈媒詢問那些偶然出現的、所謂的「人力」，盤問他們另一邊的情況。那些人力就和問他們問題的人一樣，擁有科學頭腦並試圖提供答案，雖然回答非常詳盡，但總是抓不住我們活人急切想知道的重點。比如說，他們會喋喋不休地談倫人力的密度和比重，或是解釋當他們需要輕快移動的時候，會變成螺旋狀，長三十五公分，有十四個迴旋，形狀像從「糞便物質」中發現的細菌，但幸好特質不相似。你必須辛苦爬梳到這本書的最後，才終於找到好東西，而且非常驚人：他們雖然近視，但可以看穿我們的衣服，有時候甚至能看穿我們的皮膚。如果房間很安靜，他們還可以讀到我們的想法。

到頭來我還是無法確定，當一個「人力」是否代表比在俗世的生命更進步。一方面，那裡沒有病痛，不需要工作或尋找棲身之地。既然你什麼都沒有，也就沒有任何煩惱或義務。有一次馬特拉得到的回答，對方承認人力的生活樣態，儘管有竊聽人類思想和偷窺淑女內衣等不為人知的樂趣，但很快就厭倦了。因為他們完全依靠我們提供「娛樂」，它說，在我們晚上睡覺的時候，他們就變得很無聊。而且，唉：「il n'a pas de sexe」，那裡沒有性。

這種像是汽車監理站等候室的死後世界景象，和靈魂主義重要人物芬德萊得到的景象大異其趣，他在史洛恩（Sloane）這位靈媒的三次降靈會上，提出五十三個關於死後的問題。幾個鬼魂爭先恐後地回答。以下是「你可以告訴我一些關於你的世界的事情嗎？」這個問題的回答紀錄，來自芬德萊一九五五年的自傳《回顧》（*Looking Back*）。基本上，存在於世間的一切，也都存在於那個世界，或許堆肥除外：

> 我們可以坐在一起享受彼此的陪伴……我們有書而且我們可以閱讀……我們可以在鄉間慢慢散步……我們聞到的花香和田野的氣味都和你們聞到的一樣。我們和你們一樣採花……在這裡我們的花和田野都不會像你們的那樣會腐敗。植物的生命會停止生長然後消失。

我個人則希望，馬特拉和芬德萊都不是對的，牧師歐文博士（G. Owen）的景象才代表我們真正的未來。一九二三年二月五日《紐約時報》的一篇文章〈歐文說天堂需要活躍人士：航向娛樂之一〉中，歐文鋪陳了細節：

根據歐文牧師的說法，天堂需要大生意人。歐文牧師是基督教聖公會的神職人員，昨天下午在百老丘劇院演講。

專業會計師的精明眼光，和強力執行者的驅動力，會得到很大的施展機會，不過一切都是在利他主義的基礎上，演講者如此說。不需要醫生治療靈魂病人，因為疾病並不存在，所以醫生們開始進行不同路線的專門研究……。

靈魂會走路，但有些會坐在馬車上……「我們並不是真的需要馬車，但有時候我們覺得馬車很方便。」歐文博士說他被如此告知。這位神職人員提到，平靜的湖泊、河流和海洋上都有居民住在各種船上，包括遊艇。太空探險需要專注力強的隊長，這位神職人員解釋，因為靈魂體能高速穿過稀薄的大氣層後，這完全由思想操控。

這位牧師以某些「關於未來的零散事實」做為結論，其中一個暗示他可能曾經和芬德萊坐下來聊過：「花朵並不凋謝。它們融化然後消失。」雖然有點突然，但文章的結論是這樣的：「我們保持著固有的習慣。」

若是如此，那麼現在開始直到永遠，在某個地方，史瓦茲會順著肚子上的領帶尾，並把他口袋的零錢弄得叮噹響。說話的時候走來走去，而且大笑。他很容易笑、笑得很大聲還很頻繁。如果懷疑論者刺激了他，他也不會因此減損自己在研究中獲得的明顯樂趣。對一個必須忍受大量專業瞎扯的人而言，他有著非常容易恢復的好脾氣，像是身處一群懷疑論小驢依啃之中的小熊維尼。

史瓦茲詳述「靈魂實驗」的發現，並將論文發表於《心靈研究學會期刊》。不久之後，奧瑞岡大學心理學名譽教授海曼（Ray Hyman）在《追根究柢之士》（*Skeptical Inquirer*）雜誌中發表了一篇〈不該如何測試靈媒〉。文章列出了一長串對於史瓦茲方法論的批評。在我看來，最嚴重的譴責在於評者偏見：史瓦茲讓求問者來評價靈媒的解讀，而且他們知道哪些解讀是針對他們說的。在測試靈媒和靈異現象的研究中，這點早已被公認為嚴重的缺失。倫敦大學的博士候選人赫廷哲（John Hettinger）首次記錄了靈媒求問者的評者偏見。赫廷哲在一九三〇年代晚期所進行的計畫，詳細描述於超心理學家修坦（Sybo Schouten）的論文〈綜觀靈媒與靈異現象的定量評估研究〉當中，刊登於一九九四年七月《美國心靈研究學會期刊》。赫廷哲要求實驗對象評斷，靈媒對於他們已逝摯愛者的敘述是否準確。他發現實驗對象若知道哪個陳述與自己有關，他們的判斷會受到強烈影響。下次當你看到占星專欄的時候，可以把占星圖剪下，拿掉上面的星座符號，然後將次序弄亂。你會發現，關於你的星座描述看起來並不像平常那麼明顯。

海曼表示，自己也曾受制於這個現象。十幾歲的時候他靠看手相賺零用錢。一開始是做好玩的，但他很驚訝客戶們熱情稱讚他的才能，多到連他自己都相信自己擁有天賦。最後，有個朋友說服他試著進行一項試驗，以掌紋所示完全相反的方向詳細解讀給客人聽。客人告訴海曼，這是她聽過最準的一次了。

史瓦茲的後續研究中，處理了海曼所抱怨的問題，這次的實驗如海曼形容，「簡單明快，而且控制得很好。」在這個研究中，史瓦茲只測試了一個靈媒，來自洛杉磯的羅莉．坎貝爾（Laurie Campbell）。坎貝爾來到人類能量系統實驗室，在那裡為六個不知名求問者進行電話解讀。坎貝爾的電話是消音的，所以求問者不知道他們的解讀結果。他們只是安靜地坐著，彷彿被逮住了一樣。然後求問者會收到兩份解讀紀錄的電子郵件：一份是他們自己的（當然沒有標明），另一份是當天其他求問者的。求問者被要求以兩個方式評鑑這些資料。首先，他們要以「命中」、「未中」或「有疑問」來評鑑兩份解讀中的每一條陳述。如果該陳述讓他們忍不住發出「哇」的一聲，他們也可以圈選「驚人命中」。

整體上，這資料並不驚人。求問者在自己的那份解讀中勾選「命中」的百分比，並未明顯高於控制組。史瓦茲分析了命中率高的資料，發現「沒有不尋常的資訊轉移證據」。換句話說，並沒有明顯的統計學證據足以顯示，靈媒真的從求問者的已逝親人那裡接收到資訊。這和過去所做過的靈媒研究大致吻合。「出現有效結果的例子，往往是邊緣且模糊的。」修坦做出結論。「即使是星座問題……，大部分實驗都失敗了。」

史瓦茲並不認為自己實驗是失敗的，他特別提出其中一份解讀，求問者為道則爾（George Dalzell，從此他自己也變成一個靈媒）。道則爾判定坎貝爾的解讀正確率為百分之六十，而且他並不知道那份報告是自己的。不過，海曼表示，在那些求問者當中，道則爾可能比較傾向將靈媒的陳述詮釋為相關或準確。英國精神病學家暨心靈研究學會成員委司特（Donald West）做了兩年的靈媒研究，對於實驗對象不同的評鑑風格感到驚奇。有些人對於靈媒說的每一件事幾乎都認為相關，有些人則傾向認為陳述多半是不正確或無意義的。

海曼抱怨，史瓦茲只著重於一個解讀個案，會把研究貶低為軼事。但靈媒現象或許不應該被放在嚴格的統計學標準下，或根據實驗要求當下的立即表現，就加以評斷。如果超自然的洞察力很少發生，而且大多在意志控制之下，那麼把焦點放在單一發生的時刻，也許是有道理的：也許那一刻的能量是對的（先不管那是什麼意思）、靈媒的狀況良好，事情自然就發生了。但如果是這樣，我想你可能要和得到「證據」這件事揮手道再見了：那種證據至少要在統計上和方法論上可以成立，經得起同儕檢驗和學院正統標準的考驗。靈媒研究勢必要變成定質而非定量的。

回到今天下午在史瓦茲實驗室將要發生的事情。今天要透過杜波詢問蒙堤．金恩（Monty Keen）的鬼魂，他是史瓦茲的英國同事，在倫敦的一場座談會上和一位懷疑論者爭辯心靈感應，結果心臟病發一病不起，上個月過世。杜波事前並不知道金恩的身分，之前也沒見過他。

她會先對金恩進行解讀，然後回答研究員貝雪一般性的死後問題，最後史瓦茲會加進一些實驗後的即興問題。（意思是，基本上，那不會是以海曼滿意的方式進行的。）心靈研究學會即將在下個月舉辦一場向金恩致敬的研討會，史瓦茲正在蒐集資料，打算在那個場合發表。他希望在致敬演說中，引述幾句金恩對死後生活的看法，以在地人的觀點。他也希望從杜波那裡獲得所謂的真實資訊，可以證實，或至少強烈暗示，那真的是蒙堤．金恩在與你溝通。

身為一個無形靈魂，如果你真的想要證明現在正在溝通的就是你，而不是靈媒的想像力，或潛意識的某種產物，你可以說出解開某密碼訊息的關鍵字。當然，這必須在你還活著的時候先設定好。你必須先想出一個訊息，把它編成密碼，然後把編碼後看起來無意義的內容交給你的朋友，告訴他們你打算做什麼。等你死後，你會試著傳送用來解碼的關鍵語。當然，這表示這個人必須非常熟悉密碼學，而擁有這種專業技術的人，在超自然狂熱者中真是少之又少。

這個作法雖然罕見，但並非前所未聞。一九四六年，前心靈研究學會主席蕭勒士（Robert Thouless）寫了兩段密碼文字，然後公佈在學會的《會報》（*Proceedings*）上，解釋了他的意圖，並邀請密碼專家在他活著的時候試著破解密碼，以確保毫無失敗之虞。一位密碼學家很快就解出第一段文字，令蕭勒士尋求此人幫助，以想出一個「堅不可破」的密碼做為額外的訊息。蕭勒士死於一九八四年，此時，由維吉尼亞大學名譽教授史帝文生帶領的「蕭勒士計畫」誕生了。史帝文生收到一百多個可用的回應，那些人聽過鎖碼訊息這件事，而且和靈媒進行過降靈會，那些靈媒相信自己看得出一、兩個關鍵語。這些關鍵語被輸入電腦程式，連同另外八十個不同版本的關鍵語。當然，這當中還是有可以欺騙的方法，只要蕭勒士在他死前把關鍵語告訴一個靈媒，如果他的意圖不是為了解開死後的神祕，而是為了讓人們相信它存在。蕭勒士在他的文章中盡可能地表示：「我剛好是個誠實的人。」我剛好相信他，因為，引述蕭勒士計畫報告，所有解碼的結果都是「無意義的字母組合。」

這樣的測試若要成功，蕭勒士自己指出一個明顯可能的障礙：「溝通者可能有某種缺陷，再也無法使用他肉體的腦。」也許我們的記憶跟著神經元一起消失了。的確，在一九八六年，心靈研究學會名譽祕書歐朗（A. T. Oram）向學會報告，他透過八個以上不同的靈媒和蕭勒士聯絡，而「似乎是他想不起來關鍵語了。」

這種實驗的低階技術版本，是把訊息以信封封好，放進銀行保險櫃裡，等到訊息書寫者死後，其他人透過靈媒向死者詢問訊息內容，再把信封打開。心靈研究學會的共同創立者梅耶茲（F. W. H. Myers）寫了一個類似的訊息，他逝世十四年後，英國物理學家兼靈魂主義者奧立佛・洛奇爵士在聽完一位過度自信的靈媒解讀之後，打開了信封，那位靈媒很確定自己收到了訊息。這個實驗，引用洛奇一九〇五年在心靈研究學會期刊上寫的話：「完全失敗。」

洛奇死後，人們試圖解開他的訊息，同樣徒勞無功。那是一個封起來的小包裹（奧立佛・

洛奇死後包裹），由七個信封組成，一封包著一封，是貨真價實的信封千層派，最裡面就是洛奇所留下的信息。一九四〇年洛奇逝世之後，一個六人委員會（奧立佛．洛奇死後測試委員會）成立了，召集大約一百三十位求問者和多位靈媒。由於洛奇的測試實在是神祕複雜，會議的進行很快就惡化成為程序爭論。外面的六個信封都有難解的線索，用來喚醒洛奇的記憶，但也容易洩露最後的訊息，到頭來得到了洛奇用手指敲出一段音樂。你不能怪靈媒氣極敗壞。舉例來說，以下是洛奇爵士在第三信封的筆記內容：「如果我說出一個五位數字，那可能是對的，但我可能會說些和２８０１有關的東西，那表示我在現場。這不是真的數字……，但有關聯。事實上，這是它的商數。」狼狽的委員會試圖彙整四位靈媒令人失望的努力，無力地做出結論，認為最好是「留給每一個讀者自行判斷。」我這位讀者的判斷是，洛奇爵士的文具組裡可能還缺了幾個信封。

有一個恐怖版的死後測試，是由布雷佛德（Thomas Lynn Bradford）在一九二一年所進行的，他在不同的地方分別被描述為電子工程師、一個戲劇性而且幽默的講者，和一個物理研究者。（布雷佛顯然在這些追求上的表現都不太優秀，因為他死時的所有資產總共是五分錢、幾張當票、三只廉價錶，和幾本靈魂主義的書。）根據《紐約時報》的頭條報導，布雷佛曾經在底特律刊登廣告，尋找對「亡者是否可以活人溝通」這個主題有興趣的人。一位朵藍（Ruth Doran）太太回應他了。兩人見面並且同意，如《紐約時報》所述：「只有一個方法可以解開這個謎：兩個心靈適當地調合，其中之一必須卸下俗世的羈絆。」

不像蕭勒士和他的同類，布雷佛不願意等待自然因素卸下他的羈絆。他當晚就卸下它，在他租來的房間內開瓦斯。之後他被房東馬科堤先生發現，房東告訴警察他對布雷佛的認識。結果是兩件完全不同的事實：「馬科堤先生說在布雷佛年輕的時候是個明星運動員，而且是底特律運動俱樂部的撐竿跳冠軍。他常常穿上長禮服外套並假扮變身怪醫。」這兩項八竿子也打不著的陳述同時被提到，毫無疑問是報紙匆忙編輯的結果，但我選擇相信變裝和撐竿跳是同時發生的，而不是分開的兩件事。

《紐約時報》隔天刊登一則較短的後續報導，標題是：「死去的靈魂主義者沉默了。」

愛麗森．杜波坐在一張條紋扶手椅上，位在人類能量系統實驗室四個房間當中的一間。（當我造訪的時候，這實驗室是由一棟有兩間臥室的灰泥屋所改建，建築物為大學所有，而在那之後就搬到醫學院附近一棟有二十間套房的房子裡了。）史瓦茲和貝雪坐在同樣的扶手椅上，就在杜波背後，如此他們的表情就不會被靈媒看到。一面牆上貼了一張繪有人類能量系統實驗室標誌的海報：一顆心、一道彩虹和一個伸出手的人形，表達愛或喜悅，或他抓到的魚有多大，就像新世紀書籍封面的人會做的事。我們已經來到後實驗階段，史瓦茲正要透過杜波，詢問金恩一些和金恩自己有關的問題。

史瓦茲的問題節奏緩慢而且考慮慎重，為房間內增添了一抹懸疑的氣氛，也讓杜波皺了眉。「這個人……有沒有……想要傳達給他太太的訊息？」杜波闔起又打開她骨瓷般的腳踝。空氣調節器正在呼吸。

「她換了新窗簾。」

史瓦茲在座位上瞇著眼。他就像是想要卡車卻拿到化學實驗組的小男孩。「嗯。他是否可以告訴我們……」

杜波打斷他，似乎突然間變得非常確定，她說：「他在講台上倒下來……就像……」她彈著她的手指。「他倒下，他在講台上倒下。像是一個會議。然後他在講台上倒下。這樣不是很奇怪嗎？他呈現出來的就是這樣。那個人死在講台上。」

這就是史瓦茲所謂的驚人命中。在我心裡，我的確發出了「哇」的聲音。不過其驚人之處可能得稍微降低，因為史瓦茲先前曾詢問杜波，那個靈魂是否「和這個計畫的相關人員溝通過？」這個問題似乎透露了，該靈魂可能曾是同行的研究者。而如果杜波曾經聽說過金恩在公開場合不幸去世的消息，那可是幾個月前超自然團體之間的話題（就連我都聽說過），那麼她有可能在這個時候突然想到。然而，那突然且確定的說法，並不像是出自直覺或試探。

但是，其他所有不符合金恩的說法呢？史瓦茲說，那可能是因為當靈媒打開頻道的時候，有好幾個靈魂進來：「多方交談」是他們使用的官方術語。（「可疑因素」是我可能會使用的術語。）所以接下來就看求問者怎麼決定，是否要選擇對自己有意義的訊息，並忽略其他部分。

或是更寬泛地詮釋那些說法。比如說，杜波說到關於我母親的事。就在杜波開始解讀金恩之前，她停下來說，她覺得好像正在和我母親，以及負責記錄過程的攝影師的父親多方交談。這兩位的確都過世了。我後來問她有什麼其他訊息可以告訴我的。

那些解讀大致上是命中和不中的混合，很多命中的部分，大概都符合大半比例的人口（向陽窗邊的小貓、家族團聚很重要之類的）。關於這些解讀，我覺得最值得注意的，是我和史瓦茲對她說法的反應。杜波一度表示她收到字母K的訊息，是和我母親有關。「我不知道她的意思是不是K開頭，像是Katherine或Kaye，但她指的是和她有關的K。」這是杜波的說法。我想不出來。我的中間名字是Catherine，但那個靈魂試圖說明的似乎是K，杜波稍後又回到K。她似乎很堅持。終於我說：「好吧，我的中間名字是Catherine，但……」史瓦茲突然大笑。「你真是個混蛋！你竟然期望絲毫不差！」

但Catherine並不符合要求啊，我抗議。那是K。這一類的事發生了幾次。杜波表示我母親指向一個「手指上依舊為她戴著戒指的男人。」這對我毫無意義，因為我父親從來不戴婚戒，也不戴任何戒指。我提到我戴著她的婚戒，但既然陳述是關於一個男人，不是戒指，我不認為這有相關。他們再度覺得我太挑剔了。我有嗎？我真的太實際、太負面了嗎？還是史瓦茲給他的靈媒太大的寬容度了呢？

我的態度傾向於後者，突然間我個人的「驚人命中」出現了。當時我的解讀已經結束，而我和史瓦茲正在對某件事進行詭辯，杜波打斷我們：「我看見一個金屬沙漏，你正把它倒過來。你的兄弟有沙漏嗎？」

我的兄弟蒐集沙漏。（此時史瓦茲差點跌下他的椅子。）我印象深刻，不只是因為它的準確度，也因為它的特定性和難以解釋，再加上杜波她突然而確定的宣告。這的確很難忽視。但對我而言，要忽視所有明顯不符合我母親的陳述，是同樣困難的。

這正是有趣的地方。史瓦茲和我都相信自己是中立的，是中央地帶毫無偏差的居民。我認為史瓦茲比較靠近邊界，而他對我也是同樣的想法。但他可能是對的。我天生就愛懷疑。

我打算表現出和我性格相反的一面，接受杜波的說法，其他所提到事情可能是來自「多方交談」，以他們的行話來說。也許那真的是我母親在進行溝通。但這樣有什麼意義嗎？為什麼我兄弟的沙漏會是她選擇傳遞給我的一個訊息？她只是想要試圖證明她在那裡嗎？那為什麼不傳達我的出生日期，或我們家的街名，或任何一千件可以更清楚表示那就是她的事物呢？

如果我了解靈媒現象的心智過程、靈魂溝通的方法和限制，或許我就能夠回答這個問題了。這正是我在報名「靈媒現象原理」（Fundamentals of Mediumship）時的想法，決定就此採取大膽荒謬的行動。那是一個三日課程，就在英格蘭古老莊嚴的亞瑟芬德萊學院（Arthur Findlay College）。

註釋

1 亞利桑納大學的研究副校長說：「學校允許教授追求個人的興趣，只要不是不道德或非法的。」哈佛醫學院的主事者似乎也呼應這個想法，聘用了「外星人綁架」的研究者／同情者梅克擔任教授（John Mack，已經過世）。「喔，他們多少有些古怪或令人尷尬。」幾年前當我對梅克的終身職表示驚訝時，一位發言人這麼說。「而且，」他預言般地補上一句：「有很多怪異的科學經過證實之後，就變得不那麼怪異了。」

國家衛生研究院給了史瓦茲一百八十萬的經費，大學拿了其中百分之五十一，有助於減緩任何實驗室異端研究帶來的不適。

7 笨蛋帽中的靈魂

作者在靈媒學校入學

芬德萊是「靈魂主義者國家聯盟」（Spiritualists' National Union）的主席，也是個非常富有的人。一九六四年當他逝世之時，芬德萊把他的豪宅史坦司德館（Stansted Hall）捐給聯盟，用來成立一個學院，「致力於心靈科學的進步」。因此，建築物的樓上部分，裝修了兩層樓的宿舍寢室。這些寢室分配在六條走廊上，走廊的每一部分都有十幾二十種樓梯互連的方式可以抵達，加上陰暗的逃生門和死路。這麼看來，為了在晚上找到自己的床位，的確需要一個心靈科學的學位。

「靈媒現象原理」的課程從星期五到星期天。我們被指示在下午兩點鐘抵達，不過一直到晚餐之前並沒有排定任何課程。一位職員帶我到我的房間，我取出行李後就下樓了。看來每一個人都在禮品店，於是我加入他們。喜歡仙女和海豚的人在這裡會有很多購物選擇。我翻閱著芬德萊的龐大著作《心靈之流》（*The Psychic Stream*），這本書在兩百頁左右就應該打住了。我買了一把亞瑟芬德萊大學的美工刀，沒什麼特別理由，然後就晃到樓上的博物館去。展出的作品是靈界的藝術家所創作，其畫作透過靈媒引導以「揮汗如雨」的方式所完成。有一幅畫是亞伯拉罕・林肯，據說他曾在白宮舉辦過降靈會，還有一幅畫描繪了柯南・道爾爵士「參加陰間旅行團」。

我決定上樓回房拿外套，再到庭院走走。我的地圖上畫了「西走廊」的醒目細節，卻沒有那些瘋狂樓梯走道的圖解。最後我滿頭大汗而且情緒不穩，終於找到我的房間。我的室友也到了，她正撐著頭在床上讀一本羅曼史。我們隨便寒暄了一分鐘，然後她說：「我預知你會是個美國人，金髮而且豐滿。」我很難算是金髮而且豐滿，但是我覺得以我們的關係而言，現在提這個嫌太早了。

庭院美麗而空曠，但有一座石頭日晷儀。如果這週末的天氣具有指標性意義，日晷的主人一定是個非常樂觀的人。我盡可能地走遠，朝著校園邊界荒草間一尊警戒的公牛雕像走去。回來的路上，我因「揮汗如雨」而全身溼透。

晚上的新生說明會由愛德華（Glyn Edwards）主持，他是學校的首席導師（head tutor），那是英國人對教授的替代說法。愛德華最近罹患神經系統問題，令他的臉部表情不太協調，而且呼吸很深很吵。他有一個大頭，還有個令人不舒服的習慣，喜歡在問你問題的時候把頭貼在你旁邊。他的頭髮是往後梳的鄉間西部風格，鬢角蔓延開來，漫步在他臉頰廣闊蒼白的平原上。

他在翻領衣上戴了一塊繫著緞帶的獎牌，彷彿他剛參加了游泳比賽拿到冠軍。我覺得他令人畏懼而且怪異，但這裡的人對他評價很高，至少在身為靈媒這方面啦。愛德華的降靈會可是一張五英鎊抽獎券的獎項。

「靈媒現象，」他正在說著：「是證明了死後存在為事實。我鼓勵你去證明，這個週末你所感受到的，便是來自上面的世界。」愛德華介紹其他五位導師，每一位都會在這週末剩下的時間負責帶領我們其中一組。我們不是那種很容易聚集在一起的類型。有幾位新世紀信仰者和老靈魂主義者，還有看起來很時髦、來自對岸大陸的歐洲人，幾個看起來很正常、又同一夥的英國人，一個馬爾他退休者，和一個盲人。

「每一個人都是靈媒嗎？」愛德華問，但並不等人回答。「不是。每一個人都能變成靈媒嗎？不能。」他環顧教室，大力呼吸。「這課程所說的，是你自己要發掘出你擁有的東西。」目前我已經擁有的是：時差、一把亞瑟芬德萊美工刀、一個看羅曼史的室友和一副很糟的態度。

隔天早上我們被打散分組。我的導師是另一個受歡迎的英國靈媒。她令人想起伊麗莎白·泰勒四十歲的樣子：凹凸有致的豐滿身材和眼影，這與漂亮的黑色小高跟鞋非常匹配。有一天晚上她看見一個吉普賽人，靈媒現象就此找上了她。她描述一個簾幕在她心眼前打開，突然間他們就出現了：那些spit-its（spirits），她是這樣發音的。她說直到那一刻之前，她一直是個無神論者。就像愛麗森．杜波，她給我的感覺是那種聰明而且敏銳的人。我想在亞瑟芬德萊酒吧裡把她灌醉，帶到一旁，說：「不，老實說……」，但我不敢。就像愛德華，她是個令人畏懼的存在。你會覺得在這個地方，他們會砍了懷疑著，再做成午餐吃（尤其在你試過這裡的午餐之後）。

我非常好奇，想要知道一個人要如何教靈魂溝通，這可是種無法言喻、似乎無法傳授的技巧。我們的導師大概講了十五分鐘，但實際可以帶回家的知識目前還少得很。總共就是這些：擴展你的能量。「推出你的能量，讓這個房間充滿你的力量。」聽起來好像是試了就會了。我試了，真的，但我完全不知道我的能量在哪裡，又如何控制它的大小或方向？我發現在動我的耳朵。

「對。」過了一分鐘後導師這麼說。「有人『沒有』感覺到一股接觸嗎？」沒有人舉手。我還沒讓我的能量出門呢，而顯然其他人全都已經在天上吃冰淇淋聊天了。我舉了手。導師走了過來，把她的手放在我的臉上。她問我有沒有感覺到我的臉。這是什麼意思？它又沒凍僵，所以我猜答案是「有」。我點了點頭。

「很好，你做到了。」她轉身回去。我不會讀心術，但我知道她心裡在想什麼：避開怪人。怪人是麻煩。

我們兩兩分組，進行第一次解讀。現在，我們被告知要試著蒐集同組人的資訊，而不是和其死去的親人溝通。我和約翰一起，他是個說話溫和、沉默寡言的人，大約五十歲，有著濃厚的中部地方口音。「把你的能量投射到和你一組的人身上，」導師告訴我們：「包圍著他。接收他的感覺。」

約翰看起來不太高興。他看起來不像想要被包圍的樣子。「我太太帶我來的，」他吐露祕密。導師正在巡視，所以我們得做點什麼。約翰揉揉他的臉。他瞇眼看著我。「所以我們應該擠──些什麼東西出來？」他緊閉雙眼。一分鐘過去。他打開雙眼。「我很抱歉，親愛的。我什麼也沒接收到。」在我們周圍，每一對都熱切急促地交談著。「你想要試一次嗎？」約翰充滿希望地提議。

我告訴他我腦中出現一艘船。他的臉黝黑而且布滿皺紋，看起來很像我一個航海的朋友。你說這些並不是因為你試圖作弊，而只是為了要說些什麼，只是為了要繼續進行下去。約翰搖搖頭。沒有船。「棕綠色條紋的壁紙，」我接著說：「又大又舊的舒服沙發。」

約翰離開椅背往前靠了過來。「真不可思議。」

我不確定這算不算不可思議。我在腦中想像壁紙和沙發出現，是因為約翰的口音聽起來很像工人階級，而那是我對英國工人階級客廳的片面印象。

導師拉了張椅子坐在約翰和我隔壁那一對的旁邊。那女人說她看見一個小房間。她的夥伴點頭。有一個裱框的證書，她加了一句。那男人又點了點頭。「牆壁是什麼顏色？」導師問。那女人說奶油色。然後那男人說「對」。「真是太棒了。」導師說，一面從椅子上站起來。「總要先有收穫才有資格停下來。」

我們在學習，但我們在學習什麼呢？導師從沒對我們說：盯著那些日常的，想那些普遍的，因為這樣你比較有可能答對。但反正我們得蒐集些什麼就是了，至少我是如此。你會想要把事情做好，因為做不好的話並不好玩。所以你發現自己往普遍的、不特定的、象徵性的事物去想，那種符合很多人的經驗，符合很多房間，或符合任何你說的東西。沒有人會接收到「三葉蟲」這種詞彙，或冬日的傑佛遜紀念堂，或薩維耶・潘尼派克（Xavier P. Pennypacker）這種名字。因為那是很難命中的一擊，沒有人想要做錯讓別人不高興。而答對是很刺激的。也許你是個靈媒，你發現自己正這麼想，也許你已經有所接觸了，雖然接觸的對象只是你自己。那小小的成功正是自己的獎賞。

我還學到從視覺上的線索去著手。我們的導師從沒告訴我們，去觀察我們夥伴的衣服和配件，去感覺他們的背景、他們的社會環境。但我發現自己立刻就對約翰採取這個方針，幾乎不必經過思考。而其他人也明顯對我做著同樣的事。在我們結束之前，一共有三個人告訴我他們感覺我是個學生。我不是，但我是唯一一個用筆記型電腦做筆記的人。

根據目前我對這一班的判斷，我是孤獨的。當我們回到團體，到處都是興奮的絮語。我當下決定要更努力一點嘗試。

在湯和某種靈外質佐黃褐醬汁的午餐過後，我們再度兩兩分組。這一次我們要嘗試去接觸靈魂的世界，從我們夥伴所認識的亡者那裡，蒐集到所傳來的訊息。這一次我跟奈傑爾一組。奈傑爾很爽朗而且討人喜歡，對於他被要求去做的事，似乎連一點點不自在或困擾都沒有。他自願先開始。奈傑爾馬上就說他看見一個大肚子的男人穿著吊帶褲。「他一個人，他喝太多了。」他想那可能是我父親。我父親的確喝太多，但他沒穿過吊帶褲。這聽起來比較像是我的一個朋友，他在我出發前的那個星期死於肝硬化。如果你要我描述這個人，我很可能會回答：大肚子、穿吊帶褲、一個人、喝太多。這令我思考。喝太多的人通常會有大肚子，所以沒什麼好驚訝的。但是吊帶褲的部分抓住了我，再加上這個人才剛過世。如果我很容易被說服，那我可能已經被說服了。

我們導師正站在我們後面，一對一和那嚴肅的年輕人艾利克司一起進行。她正在描述已故祖母的房子。「我感覺那窗戶有點問題。」

他看起來一頭霧水，搖著頭。

「真的有，」我們導師堅持。「她換過窗簾了嗎？」他聳聳肩。「她考慮過要換窗簾嗎？」

這正是我曾經在電視靈媒節目上看到的。他們似乎採用了一種微妙的恐嚇。把這點混入人們希望討好的自然傾向，這樣相當容易說服某個人相信你的觀點。

晚餐時我們坐在一張長桌，屬於不同導師的學生都混在一起坐。全體一致的意見似乎是這個課程棒極了。我沒有碰到任何一個人的意見或觀點是跟我相似的。當然，這畢竟是一些傾向新世紀信仰的人的自願選修課程。和我說過話的每一個人，似乎都擁有一張「靈氣一級能量治療執照」。認為他們不具靈媒能力的人，我目前只有找到我一個。我實在非常格格不入。有好幾次我聽著周圍的談話，覺得自己快要瘋了。今天稍早的時候，我聽見一個人說：「我覺得自己和神聖的造物主合而為一了。」瑪莉．羅曲在陰間旅遊團。我必須對抗那股衝動，想要推開椅子開始尖叫：退後！你們全部！我有一把亞瑟芬德萊美工刀！取而代之的是，我安靜地退席，前往酒吧，去和我知道怎麼相處的那些靈魂打交道。

這個週末我學到一些東西，但不是我原本想學的東西。我學到的是，我對靈媒的看法是錯的。我不再認為靈媒是故意欺騙他們的求問者。我相信他們是真誠而充滿信心，相信自己正在接收來自超自然界的資訊。這只是一堆事實的不同詮釋。靈媒和那些相信他們的人，都傾向於突顯正面（accentuate the positive），有首歌也是這樣唱的。我則傾向於突顯負面。也許他們是對的。也是我是對的。

在我看來，有很多時候，通靈者與靈媒的興盛並不是因為他們故意欺騙，而是他們的對象不加以批判。那些造訪靈媒和通靈者的人，通常都帶有強烈動機，或天生就傾向於相信，靈媒所說的話是和自己或愛人有關，或是別具意義。如修坦所言：「是當事人造就了通靈者。」

儘管如此，幾十年來已經有足夠多有名的、誇張的、騙人的靈媒了，超自然研究機構的人們終於開始尋找不必透過中間人的方法。他們想找到直接的、一對一的溝通方式，如過去那樣。如果貝爾（Alexander Graham Bell，電話發明者）能夠讓一個脫離肉體的聲音穿越大陸，如果馬可尼（Guglielmo Marconi，電報發明者）可以經由空氣把無形的資訊從一個城鎮傳送到另一個城鎮，那麼創造出和「偉大上界」的連繫又會有多難呢？

8 你聽得見我嗎？

與亡者的電信通訊

國家森林服務處有一種非常可怕的黑色幽默，不然就是一點幽默感也沒有。曾有一支準備遷往加州的移民隊受困於一八四六年的暴風雪，十四個人被其他同行者吃掉[1]。然而服務處裡竟然有人（搞不好是所有的人）認為那個基地附近很適合矗立一個木頭告示牌，上面寫著：多納野營地（Donner Camp Picnic Ground）。

我搭了一台遊覽車前往此地，車子是由「國際鬼魂探尋協會」（International Ghost Hunters Society，IGHS）的創立者歐伊司特（Dave Oester）和吉爾（Sharon Gill）租來的。這是世界最大的業餘超自然研究團體（在七十八個國家共有四千個會員），會贊助鬼魂探尋之旅，並拜訪一些有名或沒那麼有名的地點。我們看起來就和一般旅行團沒什麼兩樣：短褲、袖子鬆垮的T恤、輕鬆的便鞋。我們帶了相機，也帶攝影機。但和大部分遊客不同，我們還帶了錄音機。我現在正面對著一棵松樹，與引導遊客前往營地的枕木步道隔了幾呎距離。我把我的卡式錄音機伸出面前，彷彿那棵樹會說出什麼可以引用的話。我們團體的其他人散布在野地和樹叢間，全部拿著錄音機，就好像有什麼熱門人物出現在記者招待會一樣。

一對夫妻和他們的狗走近步道。「你在錄鳥叫聲嗎？」

我回答「是」，理由有二。第一，因為，嗯，事實上，我們的確是。第二，因為我覺得這麼說很蠢：我們想要錄到多納移民隊伍鬼魂的聲音。

數以千計的美國人和歐洲人相信，錄音機可以捕捉到聲帶早已分解掉的人所發出的聲音。他們把這些話音稱為ＥＶＰ：電子聲音現象（electronic voice phenomena）。當你錄的時候，你聽不到聲音。只有在你播放那些錄音帶的時候，聲音才會神祕地出現。如果你在網路上鍵入ＥＶＰ三個字搜尋，你會找到一堆網站，有幾百個這種錄音的聲音檔。雖然有些聽起來是發音清楚的字句或耳語，但絕大多數聽起來都很模糊、充滿回音，或像機械發出的聲音。除非扭轉自己對死後的印象，否則很難想像這些是來自亡靈的聲音。天堂應該會有雲、很多白布，和其他很棒的吸音物質。但發出這些聲音的天堂聽起來像是個飛機棚。真的很怪。

電子聲音現象運動始於一九五九年，一個從歌劇演唱者轉行為畫家的瑞典人尤更生（Friedrich Jürgenson），在斯德哥爾摩市郊的鄉間別墅窗台上裝了一支麥克風，想要錄下鳥的歌唱。尤更生播放帶子正要聆聽時，卻聽到一隻北美山雀的聲音突然被一個男人的聲音淹沒，那聲音說：「夜晚的鳥之歌。」接著就聽見一個男人哼著《飛翔吧》（*Volare*）。

起初，他認為自己錄到了不全的廣播音檔片段。錄音機的電路的確可以扮演接收器的角色，捕捉廣播、民用波段或無線電通訊的音檔片段，尤其是在發射台附近。但他認為這並不可能，因為接下來一個星期，他收到的聲音似乎是指名道姓地對他說話，而且很奇怪地，也對他的獅子狗卡利諾說話。

尤更生寫了一本書，這本書吸引了會說拉脫維亞語的心理學家羅迪夫（Konstantin Raudive）。羅迪夫接下電子聲音現象的棒子繼續跑下去。他跑著跑著，直到他錄下七萬個「聲音文件」，並寫下一本關於他自身經驗的書：《突破：與亡者電子通訊的奇妙經驗》（*Breakthrough: An Amazing Experiment in Electronic Communication with the Dead*）。這本書的出版，繁衍出一大群自助電子聲音現象團體，從德國、美國蔓延到巴西，有許多至今依然存在。

羅迪夫和尤更生不同，他不是對著空氣錄音，而是發展出自己的技術。他常常錄下廣播雜音，也就是頻道之間令人討厭的刺耳噪音。但羅迪夫和尤更生一樣，錄音時遇上了可能的重大突破：他發現那聲音也指名道姓地對他說話。羅迪夫雖然住在德國，但他聽到很多聲音對他說拉脫維亞語。

差不多就在羅迪夫的書出版之際，一位劍橋大學學生艾里思（David Ellis）提出以電子聲音現象研究為主題，申請兩年的劍橋三一學院Perrott-Warrick獎學金。過去三天以來，當我閱讀艾里思研究的同時，也讀了《不幸的移民：多納隊伍的故事》，後者實在影響了我對前者的閱讀，每當艾里思提到「脫離肉體的存在」，我必須停下來想想，現在說的到底是靈魂還是內臟。

身為一個超心理學的學生，比起英語系或化學系之類的學生，艾里思當然比較傾向這個研究。我大膽推測，其他科系的學生如果遇上了這樣的問題——譬如說，普雷爾先生（G. A. Player）那台老舊的PTE收音機發出喀哩啪呭的雜音，他相信那是一個脫離肉體的女性靈魂顯靈——大多數學生一定會重新考慮這個獎學金的題目。（「普雷爾先生認為她扮演了某種電容器的功能，」艾里思以超然的語氣敘述。）

艾里思做的第一件事，就是讓羅迪夫博士帶著他的器材進入一間隔絕無線電接收的房間。艾里思雖然不認為無線電會是電子聲音現象的主要來源，但這是必須加以控制的部分。有時候，羅迪夫錄下的聲音被其他人認出是廣播的一部分。比如說，他詮釋為「今夜我跟隨你」（I follow you tonight）的聲音，結果是盧森堡廣播電台播音員說的「今夜全送給你」（It's all for you tonight!）。羅迪夫只同意進入隔離的房間一次。沒有錄到任何聲音，當然也可能是因為碰巧沒有靈魂經過附近。艾里思試著自己錄音。他的確得到一些不清楚的聲音，但他認為這些聲音既不具肯定性，也無法做出結論。

和我一起尋找鬼魂的同伴羅伯正在倒帶。一分鐘前，我看見他踏出步道，走進一叢樹林，站了半分鐘，背對步道低著頭，彷彿正在白楊木間自我放鬆。羅伯給人的印象是一個享受生命的人，無論生命提供的是什麼。他的名片寫著「玫瑰市野貓女子足球隊指壓師」，這表示生命固定提供了相當值得享受的素材。我猜這趟旅行是他女朋友的主意，她常常感覺到鬼魂「就在我喉嚨後頭，想要說話。」昨天晚上，在「路易的巴斯克角落」餐廳，一個在她喉嚨裡的存在體，閃開了上等肋排和馬鈴薯後，告訴我們，我們「應該等蜜瓜當季的時候再過來。」（根據那些人的說法，鬼魂給我的感覺是相當衰老的，我想，當你待了兩三百年，這樣應該是很合理的。錄音帶上的聲音都有衰老的傾向。羅迪生博士收藏的EVP發言中的一些精選：「請中斷」、「可能是瑪莉賓」、「勤奮！」）

「嗯，」羅伯說。他把他的錄音機放在我的耳邊。「我錄到一些怪聲響。也許我不小心打到機器了，但我覺得不是這樣。」他又重放了一次，這次是給領隊歐伊司特聽。他是個牧師，不隸屬特定教會，肩膀斜斜的，眼鏡總是滑下鼻子。他的身體又圓又大，頭好像直接長在軀幹上，像個雪人。

「有人在砍樹，」歐伊司特微笑著說。歐伊司特幾乎每隔一句話就微笑，並不是因為有人說了什麼好笑的話，只是為了保持友善之情。

今天早上，在我們離開之前，歐伊司特播放他第一次造訪多納營地的錄音給我聽。對我而言，那聽起來並不像任何種類的溝通，除非是火雞之間的交流。我聽見一個急促的、金屬般的「gobba-lobba-ob」。歐伊司特聽見「我需要更多牛奶（I need more milk）」。另一位國際鬼魂探索協會的成員說，對，她也聽得出來。不只這一次，在旅程稍早之前的一次晚餐閒聊，這女人還把「席格菲與羅伊」[9]聽成「西蒙・佛洛依德」。結果，佛洛依德蓄著長髮、帶著老虎、臉上畫著過濃男妝的影像，至今仍糾纏著我。

心理學家也許會提出「語音變形效果」(verbal transformation effect）做為可能的解釋。史金納（B. F. Skinner）曾經播放無意義的連續母音給實驗對象聽，然後要他們在聽見有意義的聲音時告訴他。結果他們聽見包括子音的單字，還相當堅信自己的詮釋是正確的。

人類心理也擅長把空無一物轉變成可以理解的聲音。倫敦心靈研究學會的榮譽祕書瑟德（C. Maxwell Cede）曾經為艾里思描述了一個實驗，實驗中一群人拿到紙筆，被要求幫忙謄寫一段所謂模糊的、品質不好的演講錄音。實驗對象努力理解出好幾個段落，甚至是一整個句子，但錄音帶裡其實只有白噪音[2]。

羅迪夫似乎特別有「語言變形效果」的傾向。有一次艾里思進行了一個實驗，讓一群人聆聽據稱是羅迪夫蒐集來的語音，並寫下他們聽到的。羅迪夫聽見「列寧」(Lenin）的地方，其他人聽到的是「glubboo」、「buduloo」、「vum vum」、牛蛙的聲音、錄音帶突然拉緊造成聲音改變，或是「大象低鳴聲」。在事業生涯的晚期，羅迪夫專注於鸚鵡的發音，他認為那是亡者（在德國）溝通的管道。

在多納營地這個美好秋日，最引發爭論的錄音，是一段清晰且還算明確的耳語，來自一個叫查爾司的男人的錄音帶。「設定。」它說。較不牽強的解釋是，查爾司一度小聲地說到關於改變錄音機設定，然後忘記自己這麼說過了。查爾司堅持自己沒說過。雖然我相信他，但這個解釋看起來還是比較有道理，相較於喬治．多納的靈魂在查爾司的錄音機裡顯靈。

最後，我必須贊同艾里思的結論：「沒有必要做任何假設。光是各種自然原因，像是廣播的模糊片段、機械噪音、不小心開口說話卻沒察覺，再加上想像力猜測和期望的念頭，就足以解釋『聲音現象』了。」

艾里思的結論受到西安大略大學心理學教授巴魯司（Imants Baruss）的實驗支持，發表於《科學探索期刊》（*Journal of Scientific Exploration*）。巴魯司不是個懷疑論者，事實上剛好相反。他告訴我他相信科學已經蒐集了可靠的證據，足以證明死後的世界以史瓦茲（見第六章）和史帝文生（見第一章）的形式存在，但他不認為電子聲音現象是其中一部分。在八十一捲四十五分鐘長的廣播噪音錄音帶中，他挑出以下這個例子：一聲低沉的哨音、偶然有廣播頻道插入、一陣嘎嘎噪音「經過想像後」可能是「哈囉」、一個突然中斷的聲音讓一個名叫「蓋兒」的技師認為是她的名字。這位技師回覆「哈囉」之後出現一個親吻聲，以及一聲「告訴彼得」。這位技師表示，這聲音聽起來像是一個她認識的死去女人，那女人的丈夫就叫做彼得。「當我們以薄弱

❾ 譯註：席格菲與羅伊（Siegfried and Roy），賭城白虎秀的主持人。

的合理性去找出錄到的聲音，並摹寫電子聲音現象，」巴魯司做出結論：「那些現象並沒有明顯的異常，更別說是可以歸因於無形的存在。」

我同意這個說法（而且下次我可能不會雇用蓋兒），但我並不意外電子聲音現象團體懷疑這項研究：如果這些聲音的來源不是靈魂，那麼是什麼？我知道這項研究的目的不是要回答這個問題。即使如此，還是相當令人無所適從。

還有其他原因可以解釋這些奇怪的聲音片段嗎？我連絡德國電子巨人德律風根（Telefunken）公司，因為我曾讀到他們在一九八〇年代研究電子聲音現象。我收到來自葛拉夫（Jürgen Graaff）的回答，他服務了四十年，從工程師升到董事總經理，最近才從公司退休。他說他聽過電子聲音現象，但他不知道德律風根曾經贊助過任何研究。然後他告訴我一種叫做「導管效應」(ducting effect）的現象。有時候，電離層上的電子層出現怪異行為，產生小「導管」讓廣播或無線電通訊得以通過，並橫越幾千哩。「一個紐約的計程車司機的通話，可能會突然在歐洲接收到。」葛拉夫在e-mail上寫道：「從正統工程師的觀點，這應該不可能發生，因為計程車通話的功率太小了。」但實際上的確會發生。「幾分鐘後導管崩塌，現象隨之消失。你應該能猜出我對於電子聲音現象的看法為何！」

和葛拉夫談話，讓我開始覺得，電子傳播就足以提供所有形式的疑似超自然現象。有時候兩片金屬之間的縫隙，或一片金屬和地面之間的縫隙，就會產生足以解調（demodulate）廣播信號的電花，如果傳送功率特別高，或是電塔非常靠近。葛拉夫想起一個歇斯底里的西德女人，她的烤箱會在她開門的時候對她說話。還有一個住在附近的男人，每晚被他的暖氣系統說教。負責察看這些報告的工程師確認了，那些話是來自美國區電台的夜間放送，並且向嚇壞了的民眾再三保證確實如此。

葛拉夫藉此確認了某個我一直認為是都會傳說的事：牙齒填充物會接收廣播傳送。也許你想起那一集《帕雀吉一家》(*The Partridge Family*)，蘇珊說她可以在自己嘴裡聽見滾石合唱團。節目甚至暗示，那音樂清楚到如果大衛．卡西迪（David Cassidy）把耳朵靠在你的嘴邊（非常接近我六年級的幻想），他就可以說出歌名來。葛拉夫解釋，如果兩塊金屬被並置在一起，譬如說，一塊老舊的汞合金被一層金蓋子包覆起來（或以戴小姐來說，牙套和填料），金屬之間的小細縫會促成所謂的半導電作用（semiconductivity effect）。真的可以聽得見一些混亂的低音，不過或許只有你自己的內耳聽得見，意思是說，卡西迪先生得把他的頭塞進你的耳咽管了。

我問葛拉夫，是否有任何德國人把家電所說的話，詮釋為來自靈界的重要訊息。他說了一個故事，有位農夫的農場位在艾姆修恩巨大的發報台附近，葛拉夫曾經在那裡工作過，就在漢堡的北方。「他本來走在農場裡檢查著圍籬，突然之間他跑來找發報台經理，臉色發白地說：「先生，我聽見聖靈對我說話！來自插在地上的一根電線！」」受到羅迪夫和尤更生的鬼魂影響，那個神靈也用神祕難解、斷斷續續的方式說話。葛拉夫和經理跟著農夫到電線那裡，他們到達的時候電線正喃喃絮語著，三不五時發出一些可以理解的片段。經理俯身從地上拔出那個電線，讓聖靈安靜了。看來農夫只需要擔心更平凡一點的事情，像是二十萬瓦的無線電塔會對農場動物造成什麼影響。

如果你造訪那些功率特別高的傳送地點，例如美國之聲的發報台，你可以看見和聽見你自己的聖靈。葛拉夫說，晚上散步到那些設施附近的金屬圍籬，你可能會看見金屬上到處是微微發亮的電火花。靠近一點，你可能會聽見電火花唱歌，或說話，一切取決於當晚正在播放什麼節目。

范杜森（Wilson Van Dusen）在曼德昔諾州立醫院擔任多年的首席精神醫師。該機構收容嚴重心理疾病患者，包括長期精神分裂症、酒癮患者、腦部損傷者、老人癡呆症患者，所以范杜森花了很多時間聽病人談論他們的「他者」：他們腦中的聲音會咒罵他們、威脅他們、揶揄他們、折磨他們，而在罕見的情況下，也可能會鼓勵他們並啟發他們。有一次，范杜森決定試著和那些聲音說話。「我會直接問這些『他者』問題，然後引導病人逐字說出那些聲音的回答。以這個方式，我可以和病人的幻覺進行很長的對話。」他在一本題為《瘋狂中的靈魂存在》（*The Presence of Spirits in Madness*）的小冊子中如此寫道。范杜森還曾經對那些聲音進行羅氏墨漬測驗。我開始把那些幻覺想像成真正的病人，他們皺著眉頭，穿著破爛拖鞋，在走廊上喃喃抱怨，並打斷賓果遊戲。在訪談了二十個這樣的病人之後，他決定同意病人的說法，這些「他者」

不是幻覺，而是以不同形式存在的居民。

范杜森醫生是個斯維登堡（Emanuel Swedenborg）學說的信奉者，斯維登堡是十八世紀採礦工程師兼發明家、解剖學家，在四十幾歲的時候開始看見宗教願景。斯維登堡是位聲名卓著的哲學家，不厭其煩地書寫他所看見的天堂，一個夢幻國度，棲息著無翼天使和魔鬼，並認為他們曾是凡人。范杜森開始注意到他病人的「他者」也分成類似的善、惡兩個陣營，惡者勝過善者，而且他們和斯維登堡的對立靈體間有很多共同特徵。

你可能會這麼想，而且我不能怪你：與其說精神分裂者的體驗和斯維登堡相同，倒不如說斯維登堡的體驗和精神分裂者一樣，這還比較有道理。然而，從各方面看來，斯維登堡都不是個精神異常者。他是一個政治家和神學家，一輩子充滿建設性，而且有許多人嚴肅看待他，使得斯維登堡教會成為一股興盛的國際勢力，至今依然。

我會知道范杜森的理論，是經由一位電子聲音現象狂熱者的介紹，他認為精神分裂者聽見的聲音，和出現在電子聲音現象錄音帶上的聲音一樣，都是無形靈體的聲音，他正在考慮研究這個可能性。我求教於英國「聽聲網酪組織」(Hearing Voices Network)，那是一個幻覺者的支持團體。一位很友善的職員回覆了我的e-mail，他叫米奇，也是一位「聽聲者」。他說，雖然網路組織的政策是接受所有會員對其聲音的解釋，而且即便他也不太了解電子聲音現象，但他個人的看法是，那個說法毫無意義。然而，他的確認識一些人，他們聽見的聲音實在太逼真了，所以試圖把聲音錄下來。這些聽聲者的謎團正好和電子聲音現象者完全相反：那些聲音（對他們而言）在當下聽得見，但錄音帶永遠是空白的。

電話的共同發明者湯馬士・華生（Thomas Watson）在其自傳中描述到，曾經有些精神分裂者主動和他接觸，他們相信自己腦中的話是來自遠處某個人的神祕發送。大部分的人向他尋求建議，想知道如何隔離那些信號，但有一個特別具有冒險精神的精神異常者，表示願意一星期支付十五元的費用，讓華生「拆開他的頭蓋骨，研究機器裝置的運作」：

> 他以一種煞有其事的口吻告訴我，兩位知名的紐約人士……試圖鬼鬼祟祟地把他的腦和他們的電腦連結在一起，他們就可以從早到晚，在任何時間、任何地點不停地跟他說話，並提出各種魔鬼般的建議……。他不知道他們是怎麼辦到的，但他們的整套器具就在他的腦袋裡……，他懇切地要求我當場開始解剖他，而我婉拒了。

米奇引導我到「聽聲網組織」網站的研究部門，那上面寫著，如果在精神分裂者聽見聲音的時候進行腦部掃描，會顯示出腦部的語言部位正在活動。這意謂著，那些聲音是聽見聲音的人自己的「內部語言」。

尤更生和羅迪夫都到錄音機另一邊去已經很久了[3]，（艾里思在《心靈研究學會期刊》的經典片段寫下羅迪夫的訃文：「一場探討鸚哥聲音的研討會，……顯然對他造成太大壓力。」）這兩人的辭世並未熄滅全世界的電子聲音現象狂熱，艾里思的獎學金研究發現也無法讓熱潮冷卻。在快速的瀏覽電子聲音現象群組電子報之後，我發現這現象已經被當做是與亡者溝通。那些受人景仰、不帶偏見的學者已經做出否定的發現，但這些人為什麼有辦法這麼肯定呢？

「得到足夠的證據說服自己是一回事，但找到一個讓所有科學家都能接受的證明，完全是另一回事。」巴魯司說。加州佩塔魯瑪智慧科學機構（Institute of Noetic Sciences）的前電子工程師兼資深科學家拉定（Dean Radin）也同意這一點。「電子聲音現象研究者也許是真誠的，但他們在評量結果的時候，批判性不足。」他們相信自己聽見的，而且那就夠了。

太陽正在打包準備離開，歐伊司特從步道上走到我身邊。我告訴他我什麼也沒收到。他問我在開始錄音之前有沒有對靈體自我介紹。「那很重要，」他說：「我總是說，『我是國際鬼魂探尋協會的戴維．歐伊司特，我想記錄死後的存在。我很希望得到你的允許』。」

我清了清喉嚨。「嗨，我是瑪莉．羅曲……。」你看不見這些傢伙在哪，所以不確定音量應該多大。「我和國際鬼魂探尋協會一起，雖然我並不是會員。」

「你可以在心裡說，瑪莉。他們可以讀你的心。」

「他們可以嗎？」

歐伊司特點點頭。「他們當然可以。」

好吧，難道他們不理我？

回顧歷史，每當通訊科技有了新突破，對性靈之事深感興趣的人一定會加以採用。當魔術師胡迪尼和英國的普萊司開始揭穿靈媒精心策畫的室內伎倆，來世倡導者也開始把小機件納入標準程序。機器為他們的主張增添了一抹科學威望。他們保證了一個較純粹的、似乎較不易舞弊的亡者連結。你無法完全信任一個人會不會拿羊肺假裝靈外質，但你應該可以相信一部機器。

所以你會有一個操作「通靈」打字機、摩斯密碼機，或范式靈魂指示器（Vandermeulen Spirit Indicator）的靈媒，取代一個在恍惚中說話的靈媒。你沒有剔除中間人，而只是為他們配備了可觀的機器。降靈會的技術性更加複雜了，但本質上並沒有改變。

錄音儀器果然立刻受到靈媒的歡迎，當然不是為了接收聽不見的訊息，而是為了支撐可信度。錄音如果不能用來捕捉並保存那瞬間即逝，無法證明的東西，還能用來做什麼呢？我想懷蒙博士（Neville Whymant）說的最好，身為傑出的東方學者，而且顯然是可收買的學者，懷蒙博士曾被他的朋友康南法官（Judge Cannon）找去證明一段孔子的留聲機錄音，那是在一九二六年康南家中的一場降靈會，藉由靈媒瓦連廷（George Valiantine）的聲音口述的。懷蒙說，瓦連廷說的是一種「失傳的」（真不巧）中國方言。「我想你會同意，」懷蒙說道：「雖然你可能會讓一個人產生幻聽，但你無法讓一台留聲機產生幻聽。」

留聲機歷史家梅森（D. H. Mason）花了幾個星期試圖追查一份孔子演說的拷貝。他沒有成功，不過他找到了一箱瓦連廷錄音的清單描述。值得注意的是，其中包括了瓦連廷主要靈導可可安（Kokoan）的印第安作戰呼號，和另一個靈導艾維瑞特（Bert Everett）以刺耳的男假音唱的「一首悲慘的歌」[4]。

梅森發表了一篇以降靈會錄音為主題的文章，共有三部分，並列出了唱片名錄。早期的嘗試僅止於以錄音方式記錄降靈會過程，一位特別精力旺盛的靈媒撐足了九張十二吋雙面78轉唱盤，很快地，靈媒紛紛開始在出神的時候，以靈導的聲音唱歌。由於女性靈媒的數量占絕大多數，靈導（大部分是男性）都成了男高音，這一點也不令人意外。這是一種很奇怪的結合，那男高音登入者的甜美嗓音，卻是出自像「巨力」或「法老」這種超男性化的稱號。這也許解釋了一九三〇年出現的那位義大利靈導。一位義大利男高音薩巴堤尼，開始出現在知名的開普敦靈媒巴特斯太太（T. H. Butters）的降靈會中。梅森引述一九三一年靈魂主義者聯盟的報紙《兩個世界》（*The Two Worlds*）上刊登了薩巴堤尼表演：「當巴特斯太太處於靈魂的控制之下，他以響亮的男高音唱著義大利歌曲，用以取悅求問者，這種顯形非常有力，到了今年三月，巴特斯太太的朋友決定以留聲機把那些聲音錄下來。」錄音品質因為巴特斯太太一直離開麥克風在房間內穿梭做出歌劇手勢而有所減損，但還是被認為音質絕佳。

這難解的音樂形式在一九三九年四月三日達到巔峰，倫敦的巴爾罕心靈研究學會（Balham Psychic Research Society）在Decca唱片公司的錄音室中舉行了一場降靈會。預知了現代歌手都流行單名，我們這位唱歌的靈導據說就叫做魯本。透過靈媒韋伯（Jack Webber）的聲帶進行表演，魯本以男中音演唱了「慈光引導」(Lead Kindly Light)，以及由知名英國女低音克拉拉・巴特夫人（Madame Clara Butt）[5]演唱知名頌歌《神聖之地》(*There's a Land*) 來娛樂降靈會的來賓。

靈魂無論是唱歌或只是說話，新的錄音技術增加了靈媒收入的選擇。除了舉行降靈會，他們還可以賣錄音帶或唱片。在那些沒有用到靈導、逝者直接藉著靈媒的聲音說話的「直接之聲」中，錄音事業最大的是英國靈媒孚林特（Leslie Flint）。孚林特死於一九九四年，他有辦法吸引一群知識分子的靈魂到他的降靈會。如果你在網路上搜尋他，你會找到一堆網站，可以聽見漫長的死後錄音，包括甘地、王爾德、蕭邦（我們知道他在停止腐敗之後又開始作曲）、坎特伯里總主教，以及知名的莎劇名伶泰莉夫人（Dame Ellen Terry）。(之後還會出現。)

孚林特根據傳統，在黑暗中進行降靈會。他堅持聲音並不是從他自己的喉頭發出，而是由「靈媒和求問者的靈外質」所形成的喉頭發出的，在此引述一個網站的說法，網站上放了一張孚林特在一九六〇年左右的照片，他靜坐在椅子上，穿著西裝、領帶、牛角框眼鏡，還有看起來像是自助餐廳食物大戰結果的東西。說明上寫著：「孚林特和他肩上的靈外質。」我不知道甘地和蕭邦活著的時候聲音聽起來怎麼樣，所以我對錄音的逼真度無從置喙。但我對下面這一點可有意見了，孚林特說有一天晚上他在電影院發現自己的天賦，能夠聽見「黑暗中耳語的聲音」——這是任何人在電影院都能做到的呀。

不只靈媒喜愛那些機器，超自然研究者也考驗了機器的能力。一開始，科技只是被用來防止詐騙，或是用來記錄、測試靈媒的力量。這些儀器被當做「重要實驗室儀器」，以過度考究的音節術語來命名，幾乎沒有例外。顯微鏡現在得和發電機鏡（Dynamoscope）和心靈傳動鏡（Telekinetoscope）分享實驗室工作台了。沉隱莊重的計（Ometer）家族，過去只有溫度計、氣壓計、速率計和脈搏計，現在被要求要加入力量計（Sthenometer）、生物計（Biometer）、暗示計（Suggestometer）、磁力計（Magnetometer），和電流計（Galvanometer）[6]。我試圖追蹤這些機器的下落，但奇怪的是，似乎找不到任何博物館或私人收藏，實在令人失望。「從一個史學家的角度看來，物理學組織是不碰這些東西的。」漢翠克斯（Grady Hendrix）說，他是前任美國心靈研究學會的紐約辦公室主任。「對於比較現代的超心理學家，他們不會認為這些小玩意值得保存，那不是他們會覺得驕傲的年代。」

靈媒的聲譽江河日下，超心理學家將注意力轉往其他裝置，希望可以直接和靈魂溝通，從過程中完全移除靈媒。梅爾頓（F. R. Melton）的「通靈電話」雖然把靈媒踢出房間，但靈媒並沒有完全逐出整個領域。這個「電話」包括了一個可充氣的橡膠囊，連著話筒，然後連上一對雙耳式耳機。囊袋據說裝了充滿靈魂聲音的「心靈之氣」，可以擴大並傳送到耳機裡。你要怎麼讓一個氣球裝滿心靈之氣？你會找一個靈媒把它吹起來。從魔術師轉行的超自然研究者普萊司，在他的國家心靈研究實驗室測試了這個裝置，發現裡面就是一堆熱空氣，實際上或象徵上都是一堆熱空氣。

在今日的超自然愛好者之間，小發明的誘惑依舊存在。今天早上就有一個證明，在金鳳凰飯店的會議室A，我們的團體聚集在這裡，為了聆聽歐伊司特的一場演講。這是一個標準的飯店會議室，很長的折疊桌，一個木頭講台，混雜了鴨綠色和淡紫色的制式地毯。當大家啜飲著咖啡等待歐伊司特的時候，我的同伴會員們彼此交換使用裝備的訣竅，把各種裝備攤開在面前桌上：尺、羅盤、相機、錄音機。靈魂很少登入人類的知覺系統，但人們的想法是，這並不表示靈魂不存在。

靈魂追捕團體的成員認定，人之所以無法正常地看見或聽見亡者，是因為亡者所在之處與溝通的管道，是光譜和聲譜的極端：是我們看不到的光波以及我們聽不見的音波。這就是為什麼靈魂追捕團體的人使用紅外線敏感的底片相機，這也是為什麼戴維・歐伊司特習慣帶著一台蝙蝠偵測器。他的理由是，或許亡者就像蝙蝠一樣，會發出超音波範圍的聲音。我回到家以後，打了電話給一位總裁傑羅沙（Bill Gerosa），他的公司製造「鐘樓蝙蝠偵測器」（Belfry Bat

Detector）。我告訴他，靈魂搜尋者說他的儀器可以用來偵測靈魂溝通。「我無法支持也無法駁斥這個說法。」比爾沉默了幾分鐘之後說。他接著繼續說，不只是蝙蝠，還有囓齒動物、昆蟲、電視機、車子的煞車也會發送出超音波，因此，透過蝙蝠偵測器溝通的生命，很有可能是螽斯或雪佛蘭。

坐在我旁邊的女人正在把玩某種手持測量器。她把使用說明書打開，有一行標題寫著：「九〇年代的精靈研究」。我喜歡這女人，實在不願這樣去想她，但我不得已——我問她是否曾經看過精靈。

她疑惑地盯著我，彷彿她並不需要蝙蝠偵測器，就可以直接看見精靈在這裡飛來飛去。「沒有……為什麼這麼問，你看過嗎？」

我瞇眼看著那手冊，上頭寫著：「你看不見、聞不到、摸不到他們，但他們就出現在你的日常生活中。」我正在思考如何提出我的下一個問題，她的男朋友靠了過來。「E、L、F，」他說：「不是elf（精靈）。這應該是Extreme Low Frequency（極低頻率）。」就像背景輻射、微波爐和高架電纜。

啊哈。

我們團體中幾乎每個人，要不是帶了ELF測量器，就是帶了EMF測量器（測量電磁場用的）。電和靈魂之間有著非常緊密的連結，這可以追溯到一百五十多年前。站在歐伊司特的斜肩膀上的都是重要人士，比如愛迪生、特斯拉（Nikola Tesla）、貝爾和他的搭檔華生。

要知道，在靈魂主義全盛時代，當降靈會和靈魂溝通透過以太熱烈進行的同時，正好也是電力時代的開端。如此欣然擁抱靈魂主義的世代，同時也被要求接受許多魔法般的事物，像是電、電報、無線電波和電話傳訊：脫離肉體的聲音神祕地穿越空間，卻出現在幾百哩外的一個「接收器」。（貝爾和華生表示，當初電話所引起的懷疑，比騙人的降靈會受到的質疑還要多。他們也像愛迪生一樣[7]，開始帶著他們的新玩意巡迴全國，公開展示。）在這樣的背景之下，靈魂和電力同樣是高深莫測，誰也不比誰更加難以置信。

電磁脈衝似乎為靈媒溝通背後看不見的科技提供了解釋。儘管人們接受了收音機和電話的運作方式，但靈魂主義似乎不喜歡這麼大的躍進。這些機器一定讓一切看起來更有道理了，如魏曼（Gavin Weightman）在《馬可尼先生的魔法盒》（*Signor Marconi's Magic Box*）中所寫的：「有特殊能力的個人，可以做為無形和無聲訊息的『接收器』。」魏曼補充，可靠的靈魂主義者柯南．道爾爵士會說，穿越遙遠距離的夜間電報脈衝正是「靈媒用來溝通的神祕『黑暗能量』的證據。」

甚至連發明家本身，也都以同一雙敬畏迷惑的眼睛看待靈與電。電學獨行俠法拉第（Michael Faraday）在一篇電鰻實驗的文章中，對於這研究感到驚奇，認為這是「人類被允許了解世界的一個起點」。華生在他的自傳中指出，電力是一種深不可測的力量。就像科學界的許多同儕一樣，華生也涉略靈魂主義。他花了兩年相信自己有光環[8]。早期的電話無法有效傳遞清晰的句子，華生自己藉由靈媒（他沒告訴貝爾）試圖求教古老的突破性溝通專家：亡者。（可惜他得到的建議是：「無聊。」）華生天生傾向於跳出框架之外思考，而且是跳出框架外好幾個郡之遠。在微調早期電話的語音傳送品質時，他把震動板，即通話者說話時候震動的部分，試用各種不同的形狀和材質，包括人類的鼓膜和骨頭。華生的東西是從人類語言機械學權威貝爾那裡借來的（艾爾，借我你的耳朵！），貝爾是從耳科醫生布雷克（Clarence Blake）那裡拿到耳朵，耳朵是從一位病人那裡取得的，華生小心翼翼地指出，因為那人「已經不需要了。」

華生的靈魂主義信仰沾染了他的科學觀點，反之亦然。他認為靈媒具有特殊能力，可將肉體發射的能量變為機械力，就像電報把電子脈衝變成可聽見的摩斯密碼。電磁科學為降靈會不合邏輯的敲擊和桌子傾斜提供了一個解釋。我在網路上搜尋時，看到了皇家藝術學院的學生庫克（Andrew Cooke）一篇頗具洞察力的學士論文，他懷疑靈魂主義啟發了某些偉大的發明家，不只是影響而已。當然，電報的發明促使靈媒開始在降靈會中接收來自靈魂的摩斯密碼，這沒什麼好驚訝的。值得注意的是反過來的可能性：像福斯姊妹這些早期靈媒密碼般的敲擊，說不定也啟發了摩斯密碼傳遞長程通訊一事。

在偉大的電學家當中，華生對靈媒的信仰是獨特的。愛迪生、特斯拉和貝爾都相信，靈魂死後繼續存在，並且飄往某個靈界，就像無線脈衝一樣，但他們終究沒有相信靈媒宣稱的內容。（如愛迪生在日記裡所說的：「進入了另一種存在或領域的個體，為什麼要浪費時間……拿桌子惡作劇呢？」）他們相信，如果有信得過的人，能夠和亡者進行可理解的接觸，那人一定非發明家莫屬。貝爾和他的兄弟簽下協定，無論誰先死，一定要透過一個比降靈會靈媒更值得信賴的管道，和另一個人連結。

特斯拉是個特別的例子。根據他自己的描述，他特別敏感。「我可以聽見錶的滴答聲，即使我和計時器之間隔著三個房間。」他在日記上寫著：「一隻蒼蠅停在房間的桌上，引起我耳朵裡一記鈍鈍的砰聲。」他母親過世的時候，特斯拉受到導師克魯克斯爵士影響（克魯克斯讓稀薄氣體在真空管中發出綠光，因而享有盛名，又因為把那東西當做是靈外質而名聲敗壞），試圖把觸角轉向超自然。有一天晚上他的母親躺在病床上，他睡眠時「腦中每一根神經……都充滿期待地拉緊著。」那天凌晨她真的過世了。他想起夢見一個身影宛如母親的天使，不過他最後認定夢裡的那張臉符合他最近看過的一幅畫，如此就能「以符合科學事實的方式完美解釋一切。」儘管他著迷於神祕死亡，不過據我所知，特斯拉並未嘗試製造一個死後溝通用的機器。

但愛迪生這麼做了。他在《日記和觀察隨筆》（*Diary and Sundry Observation*）中描述，他正在設計一種裝置，讓「離開這個人世的人格能夠和我們溝通」。愛迪生想像人類是一種暫時的聚合，他用的詞是「群集」（swarms），由極小的「生命單位」聚合而成，這些生命單位在死後，以遊蕩飄散的方式繼續存在，最後會再重新聚合成為另一個人，或另一個東西。他描述自己的機器像是某種擴音器。他推論「另一個生命的存在所擁有的物理力量，一定極端微弱。」因此，就像《荷頓聽見一個誰》（*Horton Hears a Who*）裡灰塵般大小的誰村人，他們需要一定程度的擴音，才能讓人聽見[10]。不幸的是，愛迪生在完成這奇妙裝置之前，自己就離開到誰村去了。

也許是因為這個擴音計畫，愛迪生常被認為是所謂「靈魂電話」（Psycho-Phone）的發明人。歐伊司特說，他和一位電子工程師朋友就是從靈魂電話得到靈感，開始製造一種超音波無線電收發兩用機。歐伊司特希望他們的儀器可以順利開啟與亡者的即時交流，他將該儀器稱之為THC，也就是「愛迪生通訊器」（Thomas Edison Communicator）的縮寫。

我看著靈魂電話，心想愛迪生或許會有別的計畫。根據法布理吉歐（Tim Fabrizio）和保羅（George Paul）的《發覺古董留聲機》（*Discovering Antique Phonographs*），的確有靈魂電話這種東西，但不是為了用來進行超自然溝通。那是一種早期的留聲機，為現代「潛意識自我改進錄音帶」的先驅。聽者先設定讓機器在他們睡覺時開始播放，希望自己能夠「清爽地醒來，充滿活力，並享受一次規律的排泄運動。」這是某個靈魂電話的真實案例。

---

⑩ 譯註：《Horton Hear a Who》是美國童書大師蘇斯博士（Dr. Seuss）的著作，書中描寫大象荷頓有一天聽見一粒塵埃呼喚他，原來是一個小到看不見的星球，上頭有個誰村（Whoville），住著誰村人（Whos）。

二〇〇三年，一具靈魂電話被人拿來拍賣。在得標者寫的一篇網路文章中表示，她認為自己擁有了一台愛迪生的機器。她在盒子中發現一則潛意識訊息的抄本，覺得是個「或許有點精神錯亂的人」留下的信。我們可以理解她的困惑：

我喜歡喝乾淨的水，或以果汁或純水果加味的乾淨的水。每天早上我會準時起床做一系列運動伸展我的身體。我的頭皮一天比一天健康，血液流通順暢……我的頭髮愈來愈茂密烏黑亮麗。我的頭皮透著健康的光澤，並新生出美麗的頭髮。我是個好相處的人而且記憶力超強。

現在，電力、無線電波、電話技術已經是日常生活的東西了。他們離開神祕的領域，而在那領域我們有了超音波、紅外線和電腦網路。早在歐伊司特開始瞎搞之前，超音波在超自然研究者之間已經是神祕力量。在一九八〇年代，有一位叫做歐尼爾（William O'Neil）的電學愛好者，對於超自然也頗具偏好，還擁有一間實驗室，擺滿了振盪器和超音波接收器。他開發了「靈魂通」(Spiritcom)，一種能與靈魂溝通的機器。他宣稱與亡者進行過很長的雙方對談，或至少其中一方：對象是一位叫做莫勒（George Mueller）的前NASA物理學家。歐尼爾和超自然研究夥伴米克（George Meek）公布了幾百頁「靈魂通」對話的文字紀錄，包括大量的行話：

（死人）慕勒：對了，你有多面水晶嗎？
歐尼爾：沒有，我只有艾德蒙的五面水晶。
慕勒：艾德蒙？艾德蒙是誰？
歐尼爾：艾德蒙是一間公司。艾德蒙科技。
慕勒：喔，我懂了。嗯，很好。

這死人簡直是個差勁的談話對象，他們那邊應該有很多新奇興奮的事情可以聊，但他們卻像火腿族一樣。我曾經在網路上偶然看到好長一篇火腿族對話紀錄。有兩個男人，比如說，一個明尼蘇達人和一個萬那杜人，彷彿是從不同星球彼此對話。結果除了聊他們的設備之外，他們想不出任何話題。「你那裡用什麼，KW－50？」「喔，不是，我喜歡悍馬龍。有內建的Q放大機。」

雖然那傢伙很乏味，但和死人聊天的想法還是非常令人興奮，米克決定要公諸於世。一九八二年，他訂了華盛頓「國家記者俱樂部」（National Press Club）的正廳，並發出新聞稿宣布「電子證明心智、記憶和人格在死後續存。」一位《芝加哥太陽報》記者表達了失望，歸因於技術困難度，不可能有「現場」示範。為了補償這一點，米克播放了他宣稱是靈魂聲音的錄音帶，應該就是用「靈魂通」錄下的，聲音來自報業大亨赫斯特（William Pandolph Hearst）

和……偉大的莎劇女演員泰莉夫人。

米克和歐尼爾不像孚林特，並沒有明顯企圖要從計畫中得到好處。他們讓別人寫書，他們在記者會上交出機器的藍圖，鼓勵別人試著複製他們做的事。（沒有人成功。）如果那是個騙局，一定會是很複雜麻煩的那種。對於不確定的報酬來說，這實在太花力氣了。如果不是騙局，那會是什麼？會是真的嗎？似乎沒有中間地帶的可能。我問拉定他的想法。「在絕對真實和徹底欺騙的中間地帶，」他說：「是無意識的錯覺。」

就像許多英格蘭的老建築，斯塔福德郡大學（Staffordshire）的西木館（Westwood Hall）長久以來因鬧鬼聞名。一九九八年，學校管理員正在準備一篇文章，是關於普丹夏・春森夫人（Lady Prudentia Trentham）的歷史，她死在這塊土地上，而這被認為是鬧鬼的原因。當管理員對他的文章執行拼字檢查，奇怪的事情發生了。譬如說，程式標出拼錯的Prudentiaa，卻沒有提供正確的拼法Prudentia，而是提供了dead（死亡）、buried（埋葬）、cellar（地窖）等字眼。他對其他的文字檔案也進行拼字檢查，卻沒有出現這種情況，而且在兩台不同的電腦都出現同樣的怪事。

這位管理員認為，無形的普丹夏夫人正在試圖藉著拼字檢查和他溝通[9]，於是他打電話給心靈研究學會。心靈研究學會非常慎重對待這件事。這畢竟不是第一個亡者使用電腦溝通的可能案例。這種案例多的是。如果你相信「儀器輔助式靈異通信」（instrumented transcommunication）的說法（電子聲音現象的近親），靈魂也會使用電視、錄放影機、鬧鐘和答錄機。

二〇〇一年，追查這個案子的心靈研究學會研究者團隊雇用了軟體顧問茱麗和大衛・羅素（Julie and David Rousseau）過來檢查一下電腦和軟體，看看管理員的系統是否被反覆無常、仍隸屬於肉體的靈魂給駭進。羅素證實，一個有經驗的程式設計師不必大費周章，就能創造出管理員看見的效果。但這樣的程式很容易偵測，他們也很快就判定並無欺騙行為存在。

剩下兩種可能性：軟體中的錯誤，或電腦裡的鬼魂。為了測試前者，他們使用和管理員相同的步驟和軟體（MS Word 6），試著在自己的檔案和電腦上製造同樣的現象。他們很快就成功了。（值得指出的是，茱麗、羅素對於超自然力量影響電腦的可能性，保持開放的態度。她服務於心靈研究學會的議會。）

這個錯誤牽涉到管理員曾經設定了使用者的自定字典，並以不尋常的方式擴充字典。這位仁兄發現，特殊拼字檢查所提供的建議，似乎都是來自某一本自定字典。他相信這個異常一定是來自普丹夏夫人的溝通，所以決定幫她擴充字彙，於是他在自訂字典中增加幾十個常用單字，而不像一般人會加入和檔案內容有關的專有名詞或地名。

羅素在自己的電腦上使用Word 6，這個錯誤開始出現在第二十一個拼錯的自訂字典單字。她發現，電腦每次所建議的異常詞彙，其實就是前一次拼字錯誤時，電腦根據自訂字典所建議的那個字。因為這位管理員同時使用了四個自訂字典，錯誤出現得更快，這也解釋了為什麼其他使用者並沒有通報這個問題。

你會以為這件事應該就到此為止了，但是並沒有。管理員堅持，有些異常建議並不是他加入自訂字典裡的單字。羅素再次提供可能的解釋。這位管理員有個副業，專門幫學生的畢業論文打字。電腦提供了怪異的詞彙建議，很可能和這些論文的自訂詞彙有關。茱麗・羅素以Pennyhough（潘尼荷）這個字為例，這個字被當作Trentham（春森）拼錯時的建議。（潘尼荷正好是學校一位清潔婦的姓氏，據說曾看見夫人的鬼魂。）網路搜尋顯示，好幾篇學術論文的作者都姓潘尼荷，所以不難想像，多年前有個學生曾在論文中引用了這個人名，而把這個字加入自訂字典中，然後就被遺忘了。

茱麗・羅素說，研究者告訴她，他們覺得她有些解釋很牽強，所以不認為可以結案。他們覺得「軟體出錯」這解釋比較牽強，靈魂藉由拼字檢查溝通比較不那麼牽強，這些人的想法挺有趣的。無論如何，還是要稱讚一下這兩位資訊技術專家對這件事的專業調查。

對靈魂存在與否的兩邊陣營而言，這都是一個教訓：輕率的假設對誰都沒有好處。只憑事件的簡單摘要就做出決定，這是信仰者和懷疑者都可能發生的情形，但對於追求可靠的答案是沒有幫助的。

歐伊司特還在演說。今天早上我學到很多新東西，其中有許多讓我想要舉手說：「什麼？？？」就是「什麼」，加上三個問號。我想問，你有什麼證明嗎？你怎麼知道鬼魂會從你的車用電池裡吸走能量以顯形？你從哪裡讀到公墓規畫者會選擇靠近「出入口」的地點？出入口？讓我告訴你什麼是出入口……，但我似乎是唯一一個有這些想法的人，於是我保持安靜。

早上最後一個話題是靈魂攝影。歐伊司特正說到「靈魂光球」(spirit orbs)，大概是某種能量印記，看起來就像是鏡頭前面有灰塵或雨滴時，洗出來的照片上會呈現的東西。常有人用e-mail寄些很明顯是灰塵的靈魂光球照片給歐伊司特，然後他就得進行那令人不愉快的任務，告訴他們真相。

「人們總是說，當老建築物重建的時候，重建工程會打擾到鬼魂，因為他們的照片中有很多靈魂光球。」歐伊司特微笑著。「但，重建工程也會搞出很多灰塵。」

換句話說，要從各個角度來思考。以電磁場和靈魂的關聯為例。我打電話給「三場電磁計量器」(TriField Natural EM Meter) 的製造商，詢問公司為什麼認為鬼魂偵測器會有市場。沒有任何研究支持這一點，如拉定所說：「沒有證據可以證明EMF計可以偵測到除了EMF之外的東西。」電話那一頭的人說他不確定，但他認為有些人，至少超過一萬人，站在一個覺得鬧鬼的地點時，會注意到EMF會出現跳動。

但如果我們拿掉鬼魂這個因素呢？如果一個人的腦袋被暴露在某種電磁場中就可能產生一

個無形存在的感覺嗎？如果這能量「就是」那個鬼魂呢？

為了要找出答案，我帶著我的腦袋到加拿大去。

註釋

1 一八四六到四七年間的冬天，多納移民隊被困在加州西亞拉山區的多納湖附近（編按：此湖是後來命名，紀念這支以多納家族為主的移民隊伍）。由於沒有食物可以撐過冬天，於是十七位最強壯的人出發尋求外援。但另一場暴風雪來襲，把救援隊困在後來被稱為死亡營地的地方。其中四位死者的肉和器官，讓其他人有力氣穿越山脈。死者並不包括那位名叫漢堡先生（Mr. Burger）的人，這真讓我鬆了一口氣。為了避免你對那悲慘的處境還有疑慮，我引述《不幸的移民》（*Unfortunate Emigrants*）中的一段話：「一八四七年一月一日，他們的新年晚餐是雪鞋上的鞋帶。艾迪先生還吃了他那雙老舊的鹿皮鞋。」四個月後救援抵達，大部分存活者仰賴的食物都是食譜上看不到的。

2 歷史上對白噪音的創意詮釋，大概可以追溯到德爾菲（Delphi）的神諭，那裡的祭司坐在神廟地板的一道裂縫上頭，底下可以聽見湧泉動盪的水聲。「理性科學機構」（Institute of Noetic Science）的資深科學家拉定（Dean Radin）認為，那白噪音般的水聲可能會引起幻聽。（更常見的理論認為，那裡釋放出乙烯，有助於改變女祭司的心理狀態。乙烯較為人所知的功用是讓香蕉變熟，而不是讓女祭司變成香蕉，若劑量過高會引起幻覺。）

3 有時候真的是字面上的意思：電子聲音現象論述中，堅信尤更生曾經出現在一位義大利電子聲音現象狂熱者的錄音帶中，而羅迪夫也在一對盧森堡夫妻的電視螢幕靜電畫面上出現好幾次。

4 關於靈導。你常常會讀到一些胡說八道，指出靈媒和靈導（或控制者）的腦電圖是不同的，以及如何藉此證明靈導是另一個不同的存在。現任德州公共衛生部門的流行病學家海瑟汀（Gary Heseltine），在一九八一年對兩位靈媒和他們的靈導蕭林（Shaolin）和孟山托（Monsanto）（是「科曼奇族酋長」，跟肥料無關（譯註：Monsanto也是一個農業生技公司的名字。）做了腦電圖的實驗。海瑟汀寫道，由於知覺和新陳代謝會影響腦電波，你不得不走極端，「把靈媒麻痺，靠維生系統維持生命」，才能控制這些變因。但即使如此，他很懷疑這樣就能得到證明。「缺乏上腦幹橫切，」海瑟汀做出結論：「很難就此確認腦電波的差異不是因為不同感覺輸入的結果。」

5 在那個年代，全國收入最高的錄音明星可能是一位六呎二吋高壯養蠔者之女，名為克拉拉・巴特。她的聲音非凡，這位早期被稱為巴特夫人（Madam Butt，譯註：意同「屁股」夫人）的女子，在很小的時候就受雇為維多莉亞女王舉行私人演唱會。她受人讚揚的歌劇事業為她鋪路，讓她被改稱為一個絕對更受歡迎的頭銜，克拉拉夫人（Dame Clara，譯註：音似「該死的克拉拉」）。

6 計的墮落繼續下去，大部分在紡織工業上，給了我們褪色計（Fadeometer）、稀弄計（Crackometer）、耐洗牢度計（Launderometer）（更別提亞特拉斯耐汗度計、雪萊硬度測試計、附毛羽模組均勻度測試計三號）。進一步的計濫用，來自疾病管制局（流感計Fluometer）和皇家保護鳥類學會，他們的飛蟲計（Splatometer）會記錄飛蟲數，蟲數減少表示鳥類有麻煩了，還有蓋瑞・歐米特（Gary Ometer），美國財政債務局前任局長。我猶豫要不要打電話給他，因為他的頭銜令我想像成一個，嗯，這麼說好了，在雪萊硬度測試計上得高分的人。但他對這件事看得很開。他歸咎於卑鄙的愛利斯島移民官把他家人的貢獻登記在計這一區了。

7 這引人注目的絕技，是愛迪生較鮮為人知的發明之一。一九〇三年，為了反對交流電系統計畫（愛迪生是個直流電愛好者），他捲進了大象托西（Topsy）事件。這隻科尼島上的厚皮動物，因為殺死了三位訓練師而被判處死刑。（其中一個訓練師餵牠一支點燃的菸，所以在我心中的審判尚未決議。）要怎麼對大象執行迅速且人道的處決，便成了個大麻煩。用氰化物毒死牠已經失敗，將牠吊死一定會造成大騷動。愛迪生打電話給美國防止虐待動物協會，提議用電刑。他拍下了那高效率的處決，並用以證明交流電的危險。

8 華生一直相信自己是因為某種偉大的理由被特別選中，直到他發現自己的「光環」原來是特定角度的太陽光反射。「我告訴母親我有光環，」他寫道。華生太太沒有揭穿他，而且說她看得到，她還做了所有母親都會做的事，說這「一點都不奇怪，因為她的兒子這麼傑出。」華生受到了鼓勵，所以對貝爾吐露這個祕密。貝爾叫他去檢查眼睛。

9 我非常能夠理解拼字檢查中邪的感覺。我的拼字檢查最近通知我fucking（他媽的）不是一個字，但cucking、rucking、funking（用刑椅懲罰、弄皺、畏縮）是我可能會想要替換的好字眼。

9 在鬧鬼室中

電磁場會讓你產生幻覺嗎？

很難想像你會在安大略的桑貝里（Sudbury）被嚇得魂飛魄散。桑貝里是在多倫多北方一百五十哩、一個溫和友善的採礦城，此地最出名的是一個三十噸重的加拿大零錢雕塑「大鎳幣」（Big Nickel）。冰上滾石遊戲在這裡很流行。在桑貝里官方網站的「其他娛樂」目錄底下，觀光處的人還列了一間蔬果店在上頭。

無論如何，恐懼是今晚的行程。我要去羅倫天大學（Laurentian University）的「意識研究實驗室」被電磁「附身」。波辛格（Michael Persinger）是主持這間實驗室的神經科學教授，他對鬼魂有一套理論。該理論相信，特定類型的電磁場活動，無論是地球本身天然的電磁場活動，或是人為電線、電器、電纜等，會讓腦部更容易產生幻覺。其中一種幻覺，正是會讓人感到有東西存在，卻什麼也沒看見。

一九八八年發表的一項研究中，波辛格把過去三十七年《命運》（*Fate*）雜誌報導鬧鬼的日期，和這些日期的地磁活動做了比較。他發現其中的相關性，並發表在《神經科學通信》（*Neuroscience Letters*）。三年後在一項類似的研究中，愛荷華大學的心理學家藍道夫婦（Walter and Steffani Randall）分析每個月太陽風的變化（這會影響地磁），看看是否對應了心靈研究學會舊紀錄中每個月「類人類幻覺」的變化。的確，兩者都在四月和九月出現高峰，中間則是波谷。

之後波辛格把注意力轉往人為電磁場（man-made electromagnetic fields，EMF）。一九九六年，桑貝里有一對夫妻和他聯絡，告訴他家裡發生的怪事。他們會聽見呼吸和耳語的聲音，躺在床上的時候一度感覺到有人碰他們的腳。丈夫看見一個女幽靈向他們的床移動。波辛格和兩位同事開車到他們的房子，架置儀器監視每個房間的電磁場。觀測結果應證了他的理論，那房子是個電磁波自由穿梭的地方。那裡的電線沒有做好接地，而且電路負載了過多電子設備。在這對夫妻「體驗」到鬼魂的地方，電磁波不但最強烈，而且呈現明顯的不規則，這正是波辛格視為造成鬧鬼的電磁場特徵。

如果類似的電磁場會產生「鬧鬼」現象，那麼我們可以合理假設，當人暴露於實驗室製造的類似電磁場中，可能會產生波辛格所謂的人造鬼。這正是波辛格博士之所以為何會答應我的要求，今晚他要對我進行實驗。他的實驗室後面是一個隔音間，即鬧鬼室，裡面配置了一張舒服的椅子，實驗對象坐在上面，讓波辛格透過一頂裝飾了電磁、長出電線的頭盔，把形式複雜的電磁場導向他們的腦袋。

通常我會拒絕陌生人把能量場導向我的腦袋。但波辛格擁有大學教職，而且他的論文發表在主流醫學期刊上。這能有多危險？我在前往大學的計程車後座上，仔細思索這一點。那個司機是個羅倫天的畢業生，他問我要到那裡做什麼。我告訴他要去拜訪麥可・波辛格。他轉過頭來看著我。「很怪的一個人。我聽說他完全是個夜行動物？而且他養老鼠。」

在安大略的桑貝里，麥可・波辛格似乎比大鎳幣還有名。他當然有趣多了。「他們說他會穿著三件式西裝割草。」

波辛格博士沒有在實驗室迎接我。我被告知他會晚點到，我必須先填寫一些人格評估資料。這是一項例行公事，我的資料會是實驗的一部分。一位研究助理帶我坐進門裡的一張桌子旁，我在那裡待了半個小時，勾著是非選項。我曾經搭過太空船。我有時候逗弄動物。我有時候真的覺得很沒用。我的心理有問題。

我實在無法想像，什麼樣的人會對這些陳述勾選「是」。嗯，也許我可以想像。「我穿著西裝割草。」「我喜歡老鼠。」

實驗室助理起身去跑腿。不知為什麼她離開的時候還把門鎖起來。我坐了一會兒。我起身走動一下。牆邊的一張桌子上堆著塑膠儲存容器，每一個容器裡都有兩大塊腦保存在澄清的液體中。「好極了，」我想。然後我注意到蓋子上的標籤：「西恩和克莉絲蒂」、「蜜雪兒和荷莉」、「布藍特和戴瑞克」。若是在其他任何夜晚，我會認為他們都是解剖這些腦的學生。在其他的夜晚，我絕對不會想到西恩和克莉絲蒂可能就是「容器中的那些腦」。

我身後的門打開了。一個穿著三件式西裝的男人走進來。西裝是黑色的，細直條紋，還有一條錶鍊。波辛格博士留著修剪整齊的白髮，看起來很正常，向我介紹他自己。還沒坐下來他就開始瀏覽我的問答表。他似乎相當急著要把我送進那個小房間。我告訴他，我想先問一些問題。他說沒問題，我們可以走到「監禁室」在那裡談話。我把那裡想像成有深色木頭鑲嵌的小室，而理事們低聲交談著。

波辛格在大樓另一端打開一扇看起來很普通的門。裡面有兩長排籠子和一大股氣味：監禁原來是指老鼠。但這些囓齒動物並不是某種嗜好，不像計程車司機說的那個樣子。牠們是各種電磁場影響的實驗對象。(波辛格相信某些類型的電磁場有助於治療，範圍很廣，從憂鬱到多發性硬化症。)他告訴我，他晚上會常常跑回來調整和蒐集資料，通常四點才上床，難怪有夜行動物這樣的名聲。

他一邊照顧他的老鼠，一邊告訴我鬧鬼理論的真相。為什麼某個種類的電磁場會讓人聽見東西，或感覺到其他存在？這中間的機制是什麼？真正的答案是，暴露在電磁場中會減低褪黑激素的分泌。

他解釋，褪黑激素是一種抑制痙攣反應的物質。如果在你的系統中此物質含量較低的時候，你的腦，尤其是右顳葉，會很容易產生小小的癲癇般的微震，而這些微震會引起輕微的幻覺。波辛格補充說，失去親人的情緒會刺激壓力激素的分泌，這些激素會更進一步引起類似的微震。

波辛格並不是唯一一個分析靈魂現象和顳葉微震之間關聯的研究者。二〇〇二年《心理學報告》中有一項研究以二百四十二個大學生志願者為對象，根據他們在九十八項性靈評估的得分，可能預測他們在「複雜局部性癲癇」問卷中的得分，該問卷評估了一連串症狀，包括幻覺、恐懼、感覺脫離自己的身體。這也被稱作「右顳葉癲癇」，症狀通常難以診斷。這些神祕經驗沒有醫學上的解釋，所以病患可能詮釋為靈異事件，並依此調整他們的信仰系統。

波辛格似乎完全掌握了所有關於鬼魂的事。的確，自然會產生微震的人，即罹患複雜局部性癲癇的人，通常都有幻覺。暴露在電磁場中，的確會減損人體褪黑激素的自然分泌。這在魁北克麥吉爾大學「乳牛複合雜構」（Dairy Cattle Complex）[1]的「牛照射室」中乳牛和老鼠的實驗中可以看見。

波辛格實驗室研究的結果顯示，在實驗室中使用電磁場，真的會使人產生鬧鬼的感覺。有大約一千人讓自己的右顳葉接受過波辛格招牌的電磁波照射，他說，其中百分之八十的人感覺到其他存在。二〇〇二年他在《神經與心理疾病期刊》（*Journal of Nervous and Mental Disease*）發表一篇論文，探討實驗室產生的鬧鬼。四十八位大學生暴露在一微特斯表（microTesla）的複合電磁場中，分別從左顳葉、右顳葉，或是兩邊同時照射。第四組的人則接收假的波動。照射右顳葉的人，比起照射左顳葉或假波動的人，更常報告說感覺到恐懼，或別的東西存在。令人失望的是，沒有其他研究者重複過波辛格的研究。

波辛格用來迷惑客人的隔音室，大概只有貨物電梯的大小，看起來像是一九七〇年代就已經裝潢好了：地板覆蓋著黃色和棕色的粗毛呢地毯，實驗對象的椅子上蓋了一條廉價墨西哥毯。我還在想會不會有人遞給我一隻水煙筒。

琳達．聖皮耶（Linda St-Pierre）是實驗室主管，她把腦電波導線貼在我的頭皮上。當她正忙著的時候，我回顧波辛格在論文中的一個說法：「雖然這結果顯示，這些幻象是一個與狀態有關的人為現象，但尚未排除這些幻象可能與某種能力有關：可以偵測到正常情況下無法分辨的刺激，且該能力的臨界不斷改變，稍縱即逝。」他說的「正常狀態下無法分辨之刺激」，可能是由死掉的人產生的嗎？換句話說，有沒有可能特定的電磁場類型並非讓人產生幻覺，而是引發人的能力，去感應某種真正超自然的波動或存在？

波辛格知道這兩個解釋都是可能的。人們有可能被電磁場影響之後，採用他們自己的文化層面（「鬼！」）來解釋這個經驗，也有可能因為電磁場影響了腦部，使得人們，至少其中一些人，突然能夠接收「環境中的真正資訊」，如波辛格所說。波辛格認為這是有可能的，他說：

「尤其是在某些地方，人們一再經歷同樣的體驗。」在我來之前，我以為波辛格是個懷疑論者，想要揭穿把戲，但很明顯他不是。

在他說話的時候，波辛格把一條破舊的螺紋巾綁在我的頭上，以固定腦電波導線。他說這條頭巾已經用了好幾年了。他突然停下來。「如果到頭來發現，一直以來都是因為這條頭巾，是不是很好笑呢？」波辛格把一頂橘色雪地摩托車頭盔戴在頭巾上。黏在頭盔外面的是八個小電磁石，這會傳送千分之一秒的脈衝到我的腦中。波辛格向我保證，強度不會高過吹風機。重要的是信號類型的複雜程度。然後他關掉燈光，回到門口。

「準備好了嗎？」

還沒。「好了。」

門關起來的時候發出一聲很沉的、耳語般的鏗聲，像是太空站的空氣鎖。五分鐘過去。我想要感覺某種存在，但我多半只能感覺到不存在的東西：聲音、光，和我所期待的可怕效果。如果你曾經在一個驚喜派對開始前，先在黑暗中安靜等待，你就會知道我現在正經歷的感覺。我擔心我會讓波辛格博士失望，就像我讓自己失望的程度一樣。我有時候真的覺得很沒用。我的心理有問題。

隨著時間過去，我開始看見和聽見一些東西。乍現的面孔，快速從我的意識閃過，快到我下一秒就記不起來。我一度聽見遠方有一部警車重複響著鳴笛，示意駕駛靠邊停下。

結束之後，波辛格進入小房間，坐在一張腳凳上，訪談我的經驗。我打斷他。「你聽見警車鳴笛聲嗎？」

「沒有。」

「我聽見了。從很遠的地方。」

波辛格從他的筆記本上抬起頭。「這是一間隔音室。」

啊，那麼我一定是睡著了。

「你在貼標籤。」波辛格博士說：「不要貼標籤。」他起身檢查我的腦電圖結果。他翻著一頁又一頁整齊連續的刮痕。「你沒有睡著。還早得很呢。」

無論這是什麼，即使似乎很真實，但這不是我會詮釋為超自然現象的東西。大概五年前，連續幾個月的時間，有時我會在夜裡醒來，因為聽見前門或後門傳來大聲且持續的敲門聲。那聲音實在太清楚、太真實了，第一次發生的時候我馬上下床穿上睡袍，跌跌撞撞跑到門口，讓我的丈夫艾德覺得非常好笑，那時他正在客廳看書。沒有人。沒有敲門聲。當時的情形比這個詭異多了。但也有可能是因為情境不同：現在的我是充滿期待地坐在實驗室裡，而那時是一個人半夜躺在床上。

波辛格說，根據我在問卷上的回答，我是大腦左半球支配者。我是「最低反應者」。為了做為對照，他遞給我一疊紙，上面是一些高反應、右半球支配類型的人所留下的紀錄：

「我感覺一股存在，在我背後，然後沿著我的左邊……」

「我開始感覺人們的存在，但我看不見他們。他們就在我旁邊。他們沒有顏色，看起來灰灰的。我知道我在這個房間裡，但那感覺很真實。」

最令人印象深刻的，至少對我而言，是布雷摩（Susan Blackmore）的回應，她從一個超自然研究者轉變為懷疑論者。在她成為懷疑論者之後，曾經為了一篇《新科學家》（*New Scientist*）的文章而拜訪波辛格：「我覺得有東西抓住我的腿而且拉它、扭曲它、然後拖它到牆上。」

我沒有經驗到鬼魂存在，是不是因為我的顳葉並沒有這樣的裝置？懷疑論者（雖然有布雷摩）和信仰者之間最大的不同，很有可能是他們與生俱來的神經構造。但問題還是存在：這些被電磁場影響腦部的人們，究竟是因為變得能夠接收其他人無法接收的真實資訊，還是因為他們產生了幻覺？我們得再次以「大聳肩」做結束，那是立在我辦公室外草地上的一個雕塑。

註釋

1 當我回家後，便寫信給乳牛複合機構的研究者伯夏（Javier Burchard），問他牛是否曾經表現得像是房間中出現了無形存在體。他回答說，沒有任何特別異常的表現讓他想「往那個方向進行研究。」對我而言這暗示著他其實看見牛的「輕微」異常表現，所以我又回信鼓勵他告訴我任何軼事。我聽起來明顯像是自己有什麼乳牛情結了。「我很抱歉，」被激怒的回答出現了：「我沒辦法告訴你任何乳牛的故事。」

10 傾聽小精靈

一個聽覺心理學專家在英格蘭鬧鬼地紮營

格雷維爾爵士（Sir Fulke Greville）從一六〇五年開始住在渥威克城堡（Warwick Castle），直到一六二八年被他不滿的男僕羅夫刺死[1]。這謀殺案發生在倫敦，但格雷維爾的鬼魂就像走失了但不屈不撓的寵物，找到了回城堡的路。我猜它可能搭了杜莎集團的便車，該蠟像館的人員在一九七八年買下了城堡，並放置一個以格雷維爾為靈感的產品，稱為「渥威克鬼魂，活的！」（個性緊張者不適）。

格雷維爾是考文垂最知名的鬼魂，當然也是此地的最高票房，但對我而言這還不是最有趣的。要是想看最有趣的東西，你就必須造訪有執照的工程師兼聽覺心理學研究者坦迪（Vic Tandy）的家，他在考文垂大學教書，是個有著古怪笑容的高大中年男人，眼鏡鏡片厚到讓鏡框有點歪向兩邊。他實在太符合我對工程師的印象了，所以當我聽到他說「我是合氣道兩段」和「我也是個魔術師」這些話的時候，我得努力壓抑自己不要脫口而出：「真的嗎？」我們坐在坦迪家的客廳，和他的妻子琳恩和兒子保羅一起，他兒子在當地市場擁有一個攤子，販售橡膠狗大便。根據我對他家人的了解，他說不定是個博士，而且是個最有價值球員。

坦迪的鬼故事發生在二十幾年前，在附近一間製造維生系統的工廠。坦迪為這間公司設計產品，而且常常加班。有一天晚上當他回到實驗室喝杯咖啡、休息一下，清潔婦一臉受到驚嚇的表情從他身邊跑過去。「她告訴我那裡有鬼。她說她覺得很不安，感覺到有人跟她在一起，之後一個灰東西出現在她眼角，她嚇得拔腿就跑。」

坦迪一開始猜測是因為有麻醉劑外漏，那氣味讓清潔婦引起幻覺。但經過檢查一切正常，所以他把原因指向個性緊張，如渥威克城堡寫的那樣。然而隔天晚上，他再度工作到很晚，坦迪開始覺得自己怪怪的。「我覺得汗毛豎了起來[2]。」坦迪再度懷疑氣味。他懷疑有人把三氯乙烯的蓋子打開，那是他實驗室同事用來幫機器零件去污用的。「但並不是，所以我想，好吧，我去喝杯咖啡。我之後再回來。但還是一樣。」汗毛又豎了起來。「然後我看見灰色物體出現在我旁邊。我試著賦予它一個形狀，試圖讓一切合理，但……它一度有手有腳。我回頭去看它，它就消失了。隔天我要去參加一個劍術比賽——」

「真的嗎？」

「對。總之，我帶著我的鈍頭劍去修理。我把它用老虎鉗夾住，然後到書桌那邊去，當我轉身回來，它自己正在動。啊呃！」我不知道該怎麼表達坦迪發出的聲音。想像一個唱歌劇的人在詠嘆調的高潮處被勒斃。他的意思是，他被嚇壞了。但只有一下子。「我想，不，不，拜託，這一定有原因的。」

坦迪畢竟是個工程師，他著手尋找答案。如果清潔婦剛好這個時候進來，不會有人向她再三保證這個工作地點安全無虞且正常。她會發現坦迪四肢著地，在地上滑動著他的擊劍武器。每隔幾秒鐘，他會停下來快速寫個筆記。他看著劍身震動的地方，測量聲波的波峰和波谷並找出頻率，因為他懷疑他的鬼是聲波。（當聲波擊中物體，會令物體震動。如果那個物體是鼓膜，腦部會把一定範圍之內的震動讀做聲音。）

坦迪的懷疑是，他的鬼是聽不見的低頻聲波造成的，即「次聲波」(infrasound)。果然，他在實驗室設置了測量儀器，發現了一個十九赫茲的尖銳波峰。（次聲波的範圍在零到二十赫茲。）如果來源夠強力，次聲波不但讓擊劍顫抖，還可以產生各種看起來很神祕的現象。二〇〇二年九月在利物浦大都會教堂舉辦了鋼琴演奏會，開演前發給聽眾問卷，並在演奏會期間發出不為聽眾所知的次聲波。參加音樂會的人在問卷上反應了各種生理狀況，像是後頸上的刺痛、「胃部的奇怪感覺」，還有情緒的增強，正好符合這些時間點。

次聲波也被報導說會引起視覺異常，有時候產生模糊，有時候是視野跳動。坦迪向我解釋，我們的眼珠共振頻率是十九赫茲。意思是，如果持續出現十九赫茲的次聲波，你的眼球就會開始跟著顫抖。這就類似歌劇高音對酒杯的影響：聲音是由聲帶震動所產生的壓力波，如果達到玻璃杯的共震頻率，杯子會開始跟著震動。如果聲音持續下去，杯子甚至會破掉。

坦迪解釋，眼球周邊視野對移動極為敏感，這是應付掠食者尾隨身邊的生物適應。「如果你的眼珠慌亂，旁邊（即周邊視野）就成了它可以進入的地方。」在清潔婦視野邊緣的模糊灰色鬼魂，可能是這種慌亂的結果。

接下來坦迪開始尋找來源，他發現來源位於地下室。「維修人員換了一個排氣風扇，」他說：「我想那是他們自己做的，放出大量毫無必要的能量。我的意思是，那還滿驚人的，電扇根本站不穩，簡直就像是建築物繞著它轉。」

這一切令坦迪開始思考。如果他去拜訪英格蘭一些據說鬧鬼的地方，讀取一些聲音呢？如果人們認為自己碰見靈魂出現，而這感覺其實只是次聲波的影響呢？他愈是深入思考，愈覺得有道理。老建築擁有較厚較堅實的牆壁，比較容易共振。老舊廢棄的城堡和地窖通常沒有家具或窗簾可以吸收聲波。次聲波也有助於解釋一點，即為什麼鬼魂的報導通常出現在特定地點？為什麼人們只會在房間的某個部分感覺到有東西存在？次聲波常常會「積聚」起來，在聲波的波峰波谷重疊處變得很強，在波峰波谷抵消時消失。至於人們碰到他們認為是鬼魂的東西時，為什麼會覺得冷？坦迪也可用次聲波來解釋。次聲波會激起打鬥或逃走的反應，血管急遽收縮也是這反應的一部分，因此覺得冷。（心跳也會加快，所以可以解釋不安的感覺。）

坦迪從街談巷言中得知，考文垂遊客中心是一個好的開始。雖然他們花了很多時間宣傳

「渥威克鬼魂，活的！」，但那裡的職員相信，有些鬼事就直接發生在他們底下。觀光局辦公室興建的時候，在挖掘地基時發現一個十四世紀的地窖，現在被觀光局員工做為儲藏室。坦迪在《心靈研究學會期刊》一篇關於這個計畫的文章中，引述一位考文垂導遊的話，他曾經陪同一個加拿大記者到那個地窖：「那位先生被凍到極點，血色自他的臉上流失。」

坦迪進入地窖做了一次測量，我問他是否感覺到什麼。他說只有一次，短暫、突然地感覺到什麼東西「洗滌了他」。他的妻子琳恩後來陪他去了幾次，她主動表示自己什麼也沒感覺到，「不過我在超市的乳品區（dairy area），有時候會感到奇異的衝動。」因為她的口音，也可能是因為我只有小學四年級的程度，我主動表示這聽起來像是「超市的臀部（derriere）。」琳恩看起來像是沒聽懂這個笑話。她可能覺得我也是乳品區的一部分。

坦迪沒有在地窖中找到次聲波，但他在地窖外頭找到了。這十八赫茲的存在體就住在通往地窖的走廊上（但那個來源依然未知）。坦迪發現人們責怪地窖，是因為它看起來的樣子。如他所述：「你不會在照明良好的白牆水泥走廊上碰見鬼。你只會在墓穴般的十四世紀地窖撞鬼。」

根據多蒙大學（Dortmund University）非致命性武器專家阿特曼（Jürgen Altman）的說法，對於極少部分的人，次聲波可以讓耳蝸管內的液體產生震動。這種震動是因為解剖學上罕見的耳骨結構脆弱所致，可能會造成突然的、無法解釋的衝動，而這可能導致部分地窖參觀者表現得很不安。

然而，大多數的參觀者什麼感覺也沒有。坦迪這個星期稍早前發表了談話，並帶了一大群人下到地窖去。儘管他們都準備好要感覺些什麼了，但五十人中只有一個有感覺。同樣的無聊怪事似乎也適用於工業次聲波。NASA太空人在發射時會遭遇到強烈的次聲波震動，但並沒有造成明顯有害的影響。（事實上，坦迪讀了一篇NASA承包商的報告，提到震動對眼球的影響。NASA早在六〇年代就將志願者暴露在次聲波實驗中，如坦迪所言，為了確定「他們不能帶果醬上月球。」）一般認為，只有一小部分的人對次聲波敏感。坦迪相信，如果感覺不對勁的員工開始提到「致病建築物症候群」（Sick Building Syndrome），次聲波可能會是元凶。據說有人對次聲波極度敏感，連來自海洋的極低程度都會讓他們反胃。無論如何，這可不是那種你可以設定麥克風，任意折磨人們心理生理不適的情況。

這特殊的事實讓軍事工業複合體大大地失望了。長年以來，次聲波被認為是下一個最重要的非致命性武器。強力增幅器是絕對必要的，用來大幅提高分貝，除非你只是要讓敵人覺得怪怪的。高量的次聲波據稱可以引起各種身體不適：噁心反胃、唾液過度分泌、「極端惱怒」、脈搏加速、顫動視野、「胸口無法忍受的激動」。關於這個主題，我可以找到的最佳權威正是阿特曼，他說其中比較可怕的那一半只是道聽途說。在阿特曼看過的大量論述中，只有一個主張噁心反胃，而沒有半個提到下消化道痙攣及其好友——無法控制的腹瀉。

和持續存在的網路謠言相反，真正的次聲波武器很少見。阿特曼發現俄羅斯有一個名稱很特別的機構：「對人類非致命性儀器測試中心」(Center of the Testing of Devices with Non-Lethal Effects on Humans)，據說曾經發展過一個裝置，能夠把一個棒球大小的、大約十赫茲的脈衝，往前推進數百公尺。關於該裝置的功效，阿特曼找不到任何資料，但從他的語氣可以聽出，你還不如去推一顆棒球。

無論如何，人們還是會擔心。「我還是會碰到有人打電話給我，認為他們的鄰居對他們發射次聲波，試圖把他們趕出屋子。」坦迪說。我以前有個鄰居會把高分貝的老鷹合唱團歌曲從他的窗戶放射出去，以極低的成本造成噁心反胃和極端惱怒。我倒是很樂意動手展開報復性的次聲波轟炸。

「試試看教堂的風琴，」坦迪建議。「大風琴會產生很多次聲波，或者你可以租一隻大象。」

大象和鯨魚、犀牛一樣，最近被發現以次聲波溝通。牠們不但可以產生次聲波，而且還聽得見。北卡羅萊納州的「動物群溝通研究機構」(Fauna Communications Research Institute) 把老虎也加進這項名單。老虎要防守的領域很大，人們認為老虎使用次聲波警告溫體入侵者，好處是可以傳送到很遠的距離，並穿透密集的樹葉。

關於老虎的發現啟發了坦迪。人類可以感覺到次聲波，即使只有少數的人類，但這個事實令他迷惑。如果我們並不用次聲波溝通，為什麼會產生這種能力呢？也許是為了察覺掠食者。對原始人而言，能夠偵測到附近的老虎是很有價值的天賦。「所以，也許有些人的老虎偵測器在地窖打開了。」

這個研究結果和坦迪的研究非常吻合。研究發現，雖然老虎發出的聲音橫跨聽得見和聽不見的範圍（對人類而言），但經過測量牠們的吼聲低於十八赫茲，非常接近於讓坦迪的西洋劍喋喋不休的次聲波頻率。為了測試老虎是否真的用次聲波擋開可能的敵人，慕更沙勒（Elizabeth von Muggenthaler）這位研究者先錄下老虎吼叫，然後設置高功率喇叭，把大貓的吼叫和咆哮對著牠們播放回去。如果聽覺科學有那麼一刻突破了無聊的聲波圖和聲譜分析，就是這一刻了。慕更沙勒報告說，這錄音讓好幾隻老虎「吼叫並跳向喇叭。」

你可以對你自己試試這個實驗，把電腦喇叭音量開到最大，點進這個網站〈www.acoustics.org/press/145th/Walsh2.htm〉，往下拉到吼叫那一段，然後點選上面的喇叭圖示。雖然我知道會發生什麼事，但每一次播放時我還是嚇得屁滾尿流。我想起自己曾經有一次在當地動物園餵食時間進入大貓家。整整一分鐘，老虎和獅子站在籠子裡吼叫。雖然我並沒有不舒服，但我開始哭泣。同樣難為情的反應，之前還發生過兩次，據我猜測正是次聲波的影響：一次是站在屋頂上，藍天使戰機從頭上飛過發出嗡嗡聲響，另一次是有一棟建築內爆倒塌時，我站在兩條街外的地方。還有，我以前會在主日彌撒時胸口感到一陣無法言喻的怪異，被我當成是上帝望著我，知道我沒在聽。現在我在想，那可以是因為風琴的聲音。我一定是個次聲波敏感者。

我很快就會知道了，因為坦迪答應要讓我暴露在十九赫茲的聲波中。我們準備出發。坦迪從沙發上站起來。現在是傍晚六點半，考文垂遊客中心已經關了。也許我們要去渥威克城堡的鬼塔？坦迪在一樓走廊半途停下來左轉。我們沒有要去渥威克城堡。我們要去坦迪夫婦家的餐廳。「你可以在這裡接收十九赫茲的聲波。我已經幫你把器材都裝設好了。」

坦迪的筆記型電腦已經設定好了，他會把電腦產生的次聲波導入汽車音響的超重低音揚聲器，然後傳送到一個喇叭。他拉了張餐椅給我坐，喇叭就裝在餐桌的兩端。「準備好了嗎？」坦迪問。

他在電腦上敲了一堆鍵。我們安靜坐著，低著頭，彷彿等待著喇叭帶領餐前禱告。

我想我感覺到什麼了，但下一秒鐘，我又在期待它。坦迪說，當聲音開著的時候，他多半不會感覺到什麼，但他發現，當他關掉聲音的時候，房間感覺有點不一樣。所以我們把次聲波關掉、打開、再關掉。實在很難說。的確太微弱了。

琳恩進來為晚餐擺設餐具。等她離開後，我要求坦迪再把次聲波打開最後一次。他往前靠，壓了幾個鍵。我腦中有一個輕微的嗡聲嗎？一個模糊、無法形容的怪異感？就在那裡，我想它就在那裡。「我已經可以感覺到什麼了。」我小聲說。

坦迪從他的鍵盤抬起頭。「我還沒開始啊。」

如果你問我哪一個是比較可能的解釋，是次聲波或是靈魂，我會請你運用奧坎剃刀

（Occam's razor）[3]的智慧。這個定理主張，兩個競爭理論中最簡單、最不牽強的那個，就是你可以把錢放進去的那個。但刮鬍子的人不同，奧坎剃刀也會產生完全不同論點。對相信來生的人而言，如果聽見死去的父親說話，最直接的解釋就是，你聽見你死去父親的靈魂在說話。根據奧坎剃刀的特殊觀點，次聲波、眼球顫動、戰鬥或逃避反應等解釋實在是多餘的，而且複雜到不像是真的。對於較不傾向靈魂說法的人，他們則需要更多非常詳盡、不嫌複雜的解釋，來說明為何意識離開肉體後，還能以某個形式繼續存在，而且可能和活著的人溝通。

也許是該休息一下，告別沒完沒了的科學方法複雜性。其他的學術追尋方式，或許會有能夠提供給我們的東西。譬如說，有人試圖在法庭上證明鬼魂的存在嗎？的確有。地點在北卡羅萊納州中部的農場地帶，時間是八十多年前。

註釋

1 這叩人心弦的一刻，超越了他原本乏味的一生。《大英百科全書》稱格雷維爾為「平淡寫作風格」的支持者，在他生前並沒有出版太多東西。他的出身良好但不斷錯失機會，最後終於被冊封為巴斯騎士。（巴斯騎士是女王懿旨，可見她不喜歡蒙提派森劇團〔Monty Python〕式的戲謔作品。但搞不好她喜歡：她曾經想冊封喜劇明星約翰・克立斯〔John Cleese〕，但他婉拒了。）

2 這是坦迪譬喻性的說法（my hackles go up）。人類的後頸並沒有會豎起來的毛髮或羽毛。在查閱這一點時，我發現頸羽常被用在釣魚的毛鉤上。我花了一些時間才搞懂原因，因為你在Google上會看到：「這是梅茲灰母雞頸羽。可以用做鶻鷲式的飾帶式毛鉤飾邊羽，然而，這是飾邊羽環的首選，因為很柔軟，而且當小羽枝『岔開』時會跳動。」

3 令人好奇的是，這個被稱為奧坎剃刀的定理並不是奧坎的威廉（William of Occam）的主意。這個人只是太頻繁且太「尖銳」地使用這個說法（引述自《大英百科全書》），所以被認為是他的剃刀。這條目內容接著說：「他用這剃刀來區分那些他堅信在事物基本面上無法分辨的有效因果關係，並傾向於將這視為正常的結果」，這真是一串需要奧坎編輯筆的文句。

11 查芬和穿大衣的死者

法律尋找鬼魂，作者找來專家證人

一九二五年的夏天，在北卡羅萊納州的莫克司維爾（Mocksville），一個農夫的平凡生活被嚇得遠離平凡好幾英畝。詹姆士・平克尼・查芬（James Pinkney Chaffin）和他的妻子女兒住在一棟四個房間的屋子裡，旁邊有小溪，和他用來種植甘蔗和棉花的田地。查芬親手種植棉花，並且自己摘採、自己捆綁，還用他種植的甘蔗製作糖蜜。他把裝罐的糖蜜背在背上，帶去賣給鄰居和莫克司維爾的鎮民。他也賣妻子做的奶油、他自己雕刻的斧柄，賣二十五分錢。星期天他和家人一起走兩哩路到愛詹姆浸信教會，他每個星期都坐在同一個位子，旁邊是一扇打開的窗，「好讓他可以吞吐他的菸，」他的孫子萊斯特（Lester）回憶說。晚上，查芬會坐在火爐邊幫他的靴子上油並磨他的刀。他不抽菸不喝酒。萊斯特說，他「就跟隻舊鞋子一樣平實。」

一九二五年六月的一天早晨，詹姆士・平克尼・查芬告訴他的妻子，他已經過世四年的父親出現在他床邊。他並不是在做預言的夢，也不是在說鬼故事或練習笑話，你可以想像那天早餐的氣氛會有點緊繃。他向妻子吐露，過去一個月，他好幾次夢見他的父親詹姆士．L．查芬出現在他的床邊，帶著悲傷的表情。前一天晚上，他的父親穿著黑色大衣出現[1]，那件衣服是他父親在世時他就認得的。老詹姆士走近床邊，拉開大衣的一邊，就像兜售贓錶的人一樣。「他指著內袋，」引述莫克司維爾的《戴維郡紀錄》(*Davie Record*) 中查芬的說法：「然後他說：『你會在我的大衣口袋找到關於我最後遺囑的東西。』」

在當時，據大家所知，詹姆士．L．查芬的最後遺囑是記錄在戴維郡書記官辦公室，時間是一九〇五年。這位老農夫做出了奇怪的決定，把他總計一百零二公畝農地的所有財產，全都給了第三個兒子馬歇爾。他沒有留下任何東西給查芬、查芬的哥哥約翰，也沒有給小兒子亞伯納。對約翰而言，這尤其是令人震驚的冷落，畢竟在那個年代，土地依照慣例都留給長子。雖然三個兒子對這份遺囑都覺得很難接受，但他們並沒有提出抗議。

經過一番尋找，查芬在他哥哥約翰家的閣樓裡找到老爸的大衣。「檢查內袋之後，」他的證詞表示：「我發現內襯被縫了起來。我立刻剪開縫線，然後發現一個小紙捲被一條線綁著，那是我父親的字跡，內容只有下面幾個字：『看我老爸那本舊《聖經》的創世紀第二十七章。』」（第二十七章是一則關於兩兄弟的寓言，其中一個騙走了另一個應當繼承的財產。）查芬前往他母親的房子，在女兒愛絲特兒和鄰居黑威德協助下，在閣樓裡找到了舊《聖經》。黑威德打開那殘破的書翻到創世紀，發現第二十七章那幾頁被折起來，包住一張黃色橫條薄紙。那是第二份遺囑，時間是一九一九年，內容則是把土地平均分給四個孩子。馬歇爾當時已經死了，他死於心臟瓣膜缺陷，就在繼承父親土地不到一年之後，但他的妻子蘇西，根據孫子萊斯特的描述是一個比較「城市型」的人，不像查芬兄弟他們，她立刻對第二份遺囑提出抗議。於是法庭定下了審判日期。

一如其他結合了鬼魂、大筆財富和親人失和的故事，這故事廣為流傳。當開庭之日來臨，密密麻麻的新聞媒體就和查芬家沒裝紗窗的客廳裡的蒼蠅一樣多。查芬帶了十個證人上法庭，包括家人、朋友和鄰居，全都準備好要證明第二份遺囑上的簽名真的是詹姆士・L・查芬本人的。（這份遺囑上並沒有其他證人的簽名。）在評審團宣示之後，法官宣布進入午餐休息時間。顯然蘇西和兄弟們在休息時間達成協議。結果令記者和鎮民一陣錯愕而且大感失望，蘇西表示這個簽名是真的，並撤回她的異議。這位寡婦和三兄弟已經同意均分那些地產。法庭因此正式宣判，此案文件——由幽靈指出其祕密藏身處的文件，正式成為詹姆士・L・查芬的最後遺囑。

雖然記者們並沒有參與親人相互咆哮指責的場面，但他們得到了一個更好的報導內容。「亡者托夢」是當地報紙的標題。「死人能從墓地發聲？」另一家報紙這麼問。

大約一年後，英國心靈研究學會聽說了這件案子，便雇用了一位當地的律師，他前去訪問相關人物，並提出一份報告。這位律師是北卡羅萊納州亞伯丁的強生（J. McN. Johnson），他說他對心靈研究學會會員的信仰「沒存什麼敬意」，但他答應會保持心胸開放，只為完成他的任務。他取得查芬和鄰居黑威德的誓詞，黑威德曾開著他的福特T型車，載著查芬和他女兒到二十哩外找到那件舊大衣，後來又找到祖父的《聖經》。強生對查芬一族的誠摯印象深刻。「我相信自己可以如此斷言，如果你曾經和這些真誠的人們說話，望進他們坦蕩、不諳世故的表情，你的批判性會消失在空氣中，就像我一樣。」他在一九二七年給心靈研究學會的一封信中寫下這些話，並且做出結論，那份遺囑是真的，那農夫的鬼故事說不定也是真的。

強生排除了第二份遺囑造假的可能性，他的根據是，不只那些證人，連被告本身，也就是馬歇爾的遺孀蘇西，都同意第二份遺囑的筆跡是詹姆士．L．查芬的。

你大概認為心靈研究學會不需要更多證明了。你大概認為一封像這樣的信，加上法庭的勝利，就會變成心靈研究學會期刊上的大聲吹噓，做為靈魂死後存在的正面證明。但你錯了。有人回應了他的報告。強生收到一份長達十頁的反對信件，來自一位心靈研究學會榮譽官員沙爾特（W. H. Salter），這封信現在還保存在心靈研究學會檔案室的查芬遺囑檔案裡。沙爾特覺得（你也會同意他的看法）這個案子呈現出令人困惑的異常之處。如果老農夫曾經改變心意，想要把土地分給四個孩子，他為什麼要把新的遺囑那麼小心地藏起來，沒有把這件事告訴任何一個兒子？而且他也沒有告訴任何人。沙爾特寫道：「我承認，立遺囑者的愚行或農夫們的祕密是沒有限度的，但現在這位立遺囑者似乎同時把這兩個特質推到了極限。對這位幽靈而言，他的遺願有可能永遠不會被發現，我們很難去設想，他活著的時候就有把握死後一定會以鬼魂的形式現身。」

心靈研究學會對鬼魂的看法，就記錄在心靈研究學會共同創立者梅耶茲（Frederick Myers）七百頁厚的著作《生命之靈》（*Phantasms of the Living*，其中包括一章死亡之靈）。梅耶茲認為，那些多半是觀者自己的心靈產物。最可疑的是「似乎有透露口語訊息的幽靈」。詹姆士．L．查芬的鬼魂正是如此，而這種情況被描述為「非常少見」。

強生律師以一個可能的解釋回覆沙爾特的信。有一個鄰居告訴強生，老農夫「懷著極度恐懼」和他的媳婦蘇西住在一起，這媳婦在一九〇五年的遺囑中得到她的那份財產。改變遺囑意謂著與她對抗，而這無疑是老詹姆士不願去做的一件事。所以，也許他寫下新的遺囑，然後決定在臨死前告訴三個兒子，這樣他死後就可以逃離蘇西的暴怒。然後，我猜，他誤判了自己的時辰，在他來得及告訴兒子之前就死了。「查芬是個老實人，他完全相信父親的靈魂向他現身，給了他一九一九年遺囑的線索。」強生的信如此結論。「他的表現，在我看來，絕對有資格這麼說，懷疑他簡直就是褻瀆光明。」

沙爾特並不信這一套，他有自己的說法。他認為遺囑是假的，但他相信平克尼．查芬是無辜的，他猜想可能是長子約翰．查芬，也許還得到弟弟亞伯納的幫助，假造遺囑內容以及塞進大衣口袋的那張紙。在這段情節當中，查芬只是無意間被利用了，他被利用來發現那個遺囑。只要讓查芬相信自己看見父親的鬼魂，事情就完成了，而事實上他看見的，其實是他的哥哥約翰穿著父親的大衣。

這樁神祕事件就此擱下。直到二〇〇四年四月，作者我決定造訪莫克司維爾一趟。我會和查芬兄弟的子孫們聊一聊，並挖出那兩份遺囑。我會雇用一位法庭的文件專家，而且是行內最好的一位。我會一勞永逸地讓科學判定真相，看第二份遺囑是否偽造，以及那位穿大衣的鬼魂是不是假的？

當年查芬帶著他的糖蜜和斧柄走過的泥巴路，現在是一條四線大道。雅金維爾路已經變成一條購物商場街，理所當然矗立著城郊的漢堡王和堡簡閣（BoJangles）速食店。我在「莫克司維爾舒適旅館」的房間正面對這條路，我試著想像老查芬背著他的貨物蹣跚地走著，四噸貨卡車呼嘯而過的強風，讓他的衣襟拍打起來。

今日在莫克司維爾的農夫更加減少，查芬家族已經完全沒有農夫了。查芬的孫子萊斯特·黑威德是普瑞納寵物食品及穀物企業的退休業務員。他擁有業務員的微笑，配上眨眼和一支牙籤。他誠摯地拍你肩膀的習慣，非常適合他的職業。他和妻子露比金住在高級街道上一間舒適寬敞的房子裡。查芬的孫子洛位德是英格索蘭企業（Ingersoll-Rand）的工程師。這兩個男人的後院連檸檬都沒種過。這令我很意外，因為在我和萊斯特和露比金通過電話之後，或許是因為他們口音，與言談間那些委婉用詞，我想像中的他們是身處溫馨的農場廚房中，有著方格窗簾，櫃台上還有鐵絲籃裝的蛋。

這個下午，萊斯特和露比金和我一起出門拜訪。我們坐在洛依德・黑威德的客廳裡，這兩個男人在話舊情。（萊斯特和洛依德是查芬還在世的子孫中年紀最大的。而馬歇爾和亞伯納的子孫已經無人在世，而約翰還在世的子孫已經是下一代，太年輕了，不會記得任何細節。）當查芬爺爺告訴萊斯特那些夢和遺囑的故事的時候，他還是個青少年。他的母親愛絲特兒陪著查芬爺爺一起乘著T型車到二十哩外的約翰家，就是要去找那件大衣。「一路上顛簸不平。」萊斯特說。「車上沒有窗。母親說她還記得那件大衣是什麼樣子的。口袋被手工縫起來了，到處都是『泥烘』的巢。」

我不知道這是什麼意思，但顯然他們聽得出來，因為露比金放下她的冰茶說：「泥蜂就是一種黃蜂，瑪莉。」有時候我就是敗在口音。「櫃子」(Pie safe) 得重複四次，最後還得進到廚房去看⓫。

我問他們詹姆士・平克尼・查芬長什麼樣。「他真的很瘦，」萊斯特說。「六尺高。很多皺

⓫ 譯註：是美國南方古時候用來存放派餅的櫃子，但現代南方已經不特指派櫃，常用來陳列古董或瓷器等其他物品。

紋。留著小鬍子。不是很好看的男人。」

露比金旋轉著杯子裡的冰塊。「他才沒有小鬍子呢，親愛的。」

萊斯特想了想。他突著他的下唇。

後來，露比金為我找出一張照片：平克尼·查芬和他的妻子、小女兒，皆盛裝打扮著。查芬的條紋襯衫看起來很新，他的頭髮梳過了，還抹了髮油，但你可以看見他指甲邊緣的泥土。他平靜、嚴肅、大膽地直接望著鏡頭，也許這正是讓強生律師印象深刻的同一個表情。他沒有小鬍子。

「我以為他有小鬍子。」

洛依德是這兩個孫子中較年輕的一位。他穿著Levis牛仔褲和玉米色的馬球衫。他對查芬的記憶是孩提時代的記憶。他記得坐在爺爺的腿上，搖椅搖得太用力結果向後翻倒了，還有查芬用乾玉米芯做的玩具馬，上頭還有一叢棉花做的馬鬃。洛依德走向房間另一頭的玻璃門古董櫃，取下一支玻璃拐杖，拐杖向上彎曲處蹦出一個圓形手把。「這是他星期天的拐杖，」他說。玻璃裝飾著紅色和藍色，像支棒棒糖。看過這些人的泛黃照片，我覺得很難在我心中那個髒髒的、單色造型的平克尼·查芬身上，加入這個色彩繽紛、浮華的東西。他們搞不好會拿出他的小花束和鞋套給我看。

萊斯特和洛依德都不記得他們的叔公馬歇爾，他原本接收了老詹姆士的全部遺產。洛依德記得馬歇爾的太太蘇西似乎渾身散發一股惡意。為了喚醒你的記憶，蘇西據說是持有較早那份遺囑的人，該遺囑把全部財產留給馬歇爾。有趣的是，第一份遺囑是在馬歇爾娶了蘇西後的那一年寫的。也許蘇西向她的公公施壓起草這份遺囑。萊斯特說，查芬爺爺很愛談論關於鬼魂和神祕遺囑的故事，但他不記得聽他說過任何關於馬歇爾跟他太太的事，或是關於第一份遺囑的狀況。他記得一件事，老詹姆士在自己的房子燒毀之後，就和兒子馬歇爾住在一起，所以，也許這位父親覺得很感激兒子。的確，馬歇爾是老詹姆士死亡證明書上的資料填寫者，這顯示了兩人的關係親近。

萊斯特和洛依德完全不打算懷疑查芬爺爺有可能捏造那個夢，並參與了三兄弟假造遺囑搶回土地的這齣劇碼。這齣劇碼中，鬼魂、大衣和《聖經》都是被冷落的三兄弟虛構的，是個充滿想像力的騙局。

「查芬絕對不可能這麼想過。」萊斯特說。

「不可能，」洛依德說。「他會認為這樣不誠實。」

查芬看見他父親靈魂時所居住的老農舍還在，萊斯特和洛依德願意帶我過去看看。萊斯特和露比金擠進我租來的現代汽車（Hyundai），洛依德和他的兒子布萊德開著洛依德的卡車跟在我們後頭。萊斯特負責開車，所以我可以在談話的時候做筆記。他一度打了左轉燈，雖然那時在我們左方視線中並沒有任何路或車道，只是一片開闊的荒草原。那房子就在草原的另一端，萊斯特往那裡開去。「以前是有路的，但現在沒有了。」野草刷過車子的底盤，車裡出現令人擔心的洗車聲音。萊斯特和露比金似乎很習慣在原野開車。「萊斯特，那裡有一棵老柿子樹。」露比金很興奮。

「嗯哼，」萊斯特說。他開進生長過盛的草原，速度基本上跟開在柏油路上一樣快。「奶奶做的柿子派最棒了，對吧？」

查芬房子的其中一面，被厚厚攀爬的忍冬花遮蔽了。房子有些地方只剩下骨架，部分是因為已經荒廢太久了，部分是因為洛依德拆了一些木板拿來做櫃子。他們帶我四處看看，為我指出廚房、他們母親的閨房、主臥室、外面的小屋，和用來冷卻牛奶的陶甕。臥室後牆外有個門廊。如果約翰．查芬穿著他父親的大衣到這裡來扮鬼，大概就是從這個地方進來的。我告訴萊斯特和洛依德那位心靈研究學會官員的理論。「哈，」萊斯特說：「我很懷疑。約翰就跟查芬一樣。不太說話。不會裝瘋賣傻。」

有沒有可能扮鬼騙人，讓別人以為自己真的看見鬼？好消息是，有一份已發表的研究回答了這個問題，而且是劍橋大學這樣素負盛名的單位。一九五九年夏天的六個晚上，劍橋大學超心理學研究學會的成員輪流披上白色被單，在國王學院校園後面一片很好走動的草地附近走來走去。有時候他們會舉起手，就像鬼那樣。其他成員躲在草叢裡觀察路人的反應。雖然有八十幾個人被判定看見那個身影，但沒人有反應，甚至連再看一眼也沒有。研究者覺得很意外，因為在那裡吃草的一群牛，並不像那些路人，反而表現出相當程度的興趣[2]，其中兩三隻還一度跟在「鬼」的後頭。實驗結果發表於一九五九年的《人靈研究學會期刊》，標題為〈幽靈觀察實驗及其發現〉（An Experiment in Apparitional Observation and Findings），令我失望的是當中沒有包括任何照片。

幾個月之後，研究者修改了實驗，他們改變了地點，並加上「低聲呻吟」，還有一度加上磷光漆。有一次試驗設在一條主要道路旁的墓地，兩方車道的駕駛視線都可以清楚地看見。這一次藏在樹叢中的觀察者不只要記錄反應，而且還要「避免交通意外」並「確保沒有人會精神失常」。但結果還是一樣，上百個看見身影的人當中，沒有一個認為那是鬼，包括兩個印度來的學生。「雖然我們在自己的國家裡是很迷信的，」那男人告訴研究者：「但我們可以看見他的腿和腳，知道他是一個人穿著某種白色衣服。」

最後一次努力中，研究團隊拋棄了符合鬼的傳統設定，把實驗搬進電影院，裡面上映的是X級電影。論文的作者柯奈爾（A. D. Cornell）解釋，X級是為了確保不會有小孩子因為鬼魂而精神受創，這也解釋了選擇色情電影院做為鬼實驗場地的原因。這一次，「鬼」會在預告片的時候慢慢穿過銀幕。這次沒有使用磷光，低吟也被認為是多餘的。並沒有特別提到鬼之後的銀幕上放的是什麼影像，但顯然一次吸引人多了：電影放完後進行觀眾調查，百分之四十六的人沒有注意到穿床單的男人。注意到的人當中，沒有人認為自己看見鬼。（有一個人說他看見一隻北極熊。）

所以我們可以安全地下這個結論，如果約翰．查芬嘗試過什麼特別的事情，像是扮做他父親的鬼魂，還在他弟弟的臥房門廊呻吟，詹姆士．平克尼．查芬不會相信的。不過他的牛群如果在一旁觀看的話，可能會被吸引。

我很少待在南方，我不知道這裡的人有多麼樂於助人。就算你沒要求幫忙，他們都會主動幫你。我昨天到獅子食物行（Food Lion），結帳人員告訴我，我買的優格正在特價，如果我有貴賓卡的話可以打折。「楚迪，」當他發現我沒有貴賓卡，馬上對裝袋人員說：「把你的貴賓卡拿出來。」在這種地方，如果你打電話給一個完全陌生的人，他太太會說：「等等，我跑過去看看，能不能在他開走牽引機之前攔住他！」目前為止我碰到最接近沒禮貌的一件事是，一位管太多的端盤者命令我「吃牛肉」。「請」吃牛肉，我表示抗議。

感謝南方對陌生人的好客和親切，尋找查芬遺囑成了一件像打電話到檔案室一樣簡單的事。接電話的女人把電話轉給法院書記官，他依照慣例接了電話。書記官包格（Ken Boger）說，舊資料放在法院地下室，我這個星期任何一天都可以過去，他會幫我找出來。

就是今天，我正要和史倍利（Grant Sperry）會面，他是問題文件檢驗家和法庭筆跡專家，主要在田納西州工作。我透過「美國問題文件檢驗者協會」找到史倍利，他是該協會的主席。史倍利曾經是三百多件聯邦與各州案件的專家證人，其中包括大衛教在瓦柯（Waco）的那場混亂，他的證詞讓一位美國助理律師被定罪。這個人否認知道在違禁地使用引爆設備的事，結果史倍利在他記下那些設備的下一頁找到字印。（粗心大意者請注意：這些傢伙有辦法讀出你寫字時印在隔墊上的字，隔了十頁底下的印子同樣讀得一清二楚。）史倍利正要到北卡羅萊納探望父母，而且查芬的案子也很吸引他，所以他同意幫我，只要付給他平常所收取的費用，喔，的百分之一。

我們等在門廳的金屬探測器前，還帶了一堆史倍利的設備。我們已經等了幾分鐘了。過了一會兒，一個穿著保全制服的人看見我們。「那裡已經兩個月沒有配置人員了。」他招手要我們直接進去。

這是個忙碌的星期一早上，但包格立刻從他的桌前站起來，帶我們去地下室。不過五分鐘，我們兩份遺囑都拿到了。史倍利以一堆裝滿舊檔案的箱子權充桌子。大部分的箱子都是設計用來裝檔案的，不過有一個上面寫著：歐瑞爾香腸。史倍利戴上淺藍色的橡膠手套，一次拿一張遺囑，放上掃描器。現在他可以在電腦螢幕上同時看到兩份遺囑，還可以任選兩個部分比對。既然兩份遺囑都是手寫的，所以我們以為會有兩份很長的手寫筆跡要比較，但史倍利很快就判定，第一份遺囑主文部分的書寫者和簽名者不同，或許是律師寫的，因為文件是以標準律師措詞寫在法律文件大小的紙張上。第二份遺囑，他說，也是同一個人寫的。這一份很有趣，是法律措詞和純樸白話的混合，寫在一張學校本子的橫條紙上：

> 在讀過創世紀第二十七章之後我詹姆士．L．查芬決定留下我最後的遺囑內容如下
> 我希望在安葬我的遺體之後我微薄的財產均分給我的四個孩子如果他們在我死時還活著　我個人財物與不動產均分　如果沒活著就把那份分給他們的孩子　如果她還活著你們都得照顧你們的媽咪這就是我最後的遺囑。茲附上我的手印與蓋章
>
> 詹姆士．L．查芬

史倍利可以立刻分辨出來，無論是誰寫了第二份遺囑，都沒有試圖模仿別人的筆跡。這筆跡太流暢太放鬆了，就偽造而言寫得太過快速且自信。偽造的筆跡會比較像是畫畫，他這麼說。偽造者會寫得很慢很仔細，停停走走，有時候會修改字母。我在《問題文件》（*Questioned Documents*）這本書裡讀過，那是這個領域的經典，由學識淵博但有時乖戾的奧斯本（Albert Osborn）撰寫。「真正的筆跡，很少顯現出書寫者一邊思考自己正在拿筆做什麼，」奧斯本寫道：「而不誠實的筆跡，經過小心檢驗，最後往往顯示書寫者滿腦子都在想這件事……。就是愚蠢的觀察者無法了解的另一個問題。」

很明顯第二份遺囑是由一隻很放鬆的手寫的。所以，要不是詹姆士．L．查芬寫了第二份遺囑，就是由某個對於要成功仿造查芬字跡不太感到困擾的人寫的。

史倍利繼續比較兩份遺囑的簽名。第一份應該是查芬簽的，因為有兩個證人。史倍利現在的工作是看看第二份沒有證人的遺囑是不是也是查芬簽的。因為兩份文件相隔十四年，所以這個任務有點複雜。筆跡，尤其是簽名，常常隨著時間改變。

無論如何，史倍利已經得到結論，「這是流傳已久的公理，」他摘著他的手套，說：「你不會寫得比你最佳狀態的時候還要更好。」換句話說，我絕對不可能成功偽造我母親的簽名。我母親的字跡很美、龍飛鳳舞，甚至可以說是書法，而我的字跡永遠像是老鼠亂抓。她可以偽造我的，但反之則不然。一旦你到達你的「書寫成熟期」，通常是你青少年期的某個時候，你就到達你能力的高峰，不可能再更好了。如果會改變，那也是變糟。字跡會隨著年老體衰而惡化：視力不好、手指僵硬、顫抖。

但在這個案子中，情況剛好顛倒過來，因此很可疑。一九〇五年遺囑上的簽名，確實比一九一九年的簽名來得差。如果是同一個人簽的話，這並不合理。史倍利把一九〇五年的簽名放大，當時詹姆士五十幾歲。字簽得很生硬而且遲疑，不是偽造的那種遲疑，而是表示這個人寫字並不熟練。考慮到那個年代在戴維郡的教育狀況，這似乎有可能。根據渥爾（James W. Wall）的著作《戴維郡的歷史》，在一八〇〇年代中期鄉下人家中，文盲是很普遍的。在一八六〇年，詹姆士．L．查芬十五歲，戴維郡一千二百三十名學齡兒童中，只有六百九十人在公立學校登記入學，而且就學期間只有幾個月（利用冬天農地休耕時）。萊斯特說查芬爺爺只念到三年級，總共加起來只念了九個月。他的父親有可能念得更少。

「現在看看最後的遺囑，」史倍利說，「這些字體的構成順暢很多。看看fs。看看多麼不生硬。」而這時詹姆士應該已經七十歲了。「如果詹姆士一九〇五年的簽名可以代表他的書寫技巧程度，那麼這位書寫者不可能簽過一九一九年那份遺囑。」那似乎是個假的。

史倍利還發現，第二份遺囑的某些用語很可疑，對一個幾近文盲的農夫而言太過世故。「茲附上」是法律用語，還有「個人財物與不動產皆均分」也是。

史倍利在一九一九年的遺囑上反白了一行字。「看看這裡的措詞，」他說。「他想要他的財產均分給四個孩子『如果他們在我死時還活著……如果沒活著就把那份分給他們的孩子……。』我們先假設一九一九年的遺囑是偽造的，是查芬的其他兄弟倒推日期，為了在馬歇爾死後從蘇西那裡取回土地。我們知道她和其他兄弟之間有些不合。在遺囑的條件中，她基本上完全被排除在外：遺囑把馬歇爾的那一份留給他們的兒子，而不是給她。所以想像一下審判那天的場面。這一家人去吃午餐，這是有紀錄的，那些兄弟讓她坐下然後開口：『我們有十個證人準備要為這個簽名作證。妳可以選擇，蘇西。妳可以回到法庭，同意這是他的筆跡，然後我們會把那四分之一給妳，即使事實上你並不在這份新遺囑裡面。或者，妳也可以讓評審團決定，然後冒著失去一切的風險。』」

史倍的理論有點道理。如果偽造的目的是為了把蘇西逼到角落，而不是要她相信第二份遺囑的真實性，那麼那流暢不困擾的筆跡就很合理了。如果她已經在你要她在的地方，何必花力氣騙她呢？

無論旦是誰選擇了詹姆士·L·查芬墓碑上的題辭，一定是故意的。上面寫著：「Thy Will Be Done（願祢的意旨被奉行）」。萊斯特和露比金和我在愛詹姆浸信教會外面，參觀家族的墓地。

萊斯特走向一個他認識的當地人的墓碑。「他在後門門廊開槍自殺。」他繼續沿著那一排走，敘述著死亡事件，以一個股市播報員那種平板甚至有一定節奏的語氣。「這是那個死於車禍的嬰兒。然後這個是湯姆的兒子：被電線走火的燈電到——」露比金打斷他。「瑪莉，你看這個。這個人把他的兩個太太葬在同一個墳墓。不知道她們會覺得怎麼樣！」三個墓碑之後是一位芙露西·歌柏（Flossie Gobble）的墳墓。有些人你不需要見過就可以知道你喜歡他們，芙露西·歌柏就是其中一位。

我把筆跡專家發現的結果告訴萊斯特和露比金。我很小心地補充，史倍利比較了平克尼在法庭文件上的簽名和有問題的詹姆士·L·查芬簽名，兩者並不吻合。

「所以查芬爺爺並沒有做這件事，」露比金說。她聽起來像是鬆了一口氣。我並沒有說出，查芬一定在這個兄弟詭計中扮演了一個角色，除非我們相信約翰或亞伯納・查芬穿上大衣扮鬼的那段劇情。

「嗯，」萊斯特說。「你對這個結果覺得滿意嗎？」

我告訴他，關於史倍利對簽名的結論，我並不覺得意外，但我很失望。我很想得到「詹姆士・L・查芬的鬼魂是真的」的證據，就算是站不住腳、非決定性的證據。接下來我說到史倍利的推論，關於兄弟們在午餐時間擷上蘇西的事。在重述的時候，這故事聽起來真是無可救藥地過度複雜，對一群農夫的兒子而言。而且他們為什麼要花力氣弄那些鬼、大衣，和紙片？為什麼不單單宣稱在《聖經》中找到第二份遺囑就好？

「我想，」萊斯特說，他的腳尖撥弄著倒了的花盆：「對我、對你，或對任何其他人而言，都很難試圖詮釋我們僅有的這些事實。」我想他的意思是，我希望你和你那個穿花俏褲子的法庭專家可以停止嘗試了。但他太有禮貌了不會這麼說。

我們開回莫克司維爾的路上，車子裡一直很沉默。這是星期六下午傍晚時分。家家戶戶坐在廚房或門廊上，交換八卦、剝玉米、打蒼蠅。明天教堂裡會塞滿男人女人，他們對人類靈魂的存在，和愉快的死後旅程毫不懷疑，他們完全不在乎法庭文件檢驗者和一個加州來的作家對香腸有什麼看法。對他們而言，這些事是簡單明瞭的：查芬兄弟是誠實的人。鬼魂是真的。芙露易．歌柏繼續存在。

唉，對我而言，信仰不是與生俱來，或某天突然決定接受的。對我而言，信仰必須看起來有道理。於是我繼續我的流浪。我還有一站：在維吉尼亞大學的一個研究冒險。我把這個留到最後，因為我認為那裡最有機會得到一點點人死後脫離肉體的證明。

註釋

1 心靈研究學會的共同創立者梅耶茲，對這點有深入的思考：「問題在於，那是鬼魂的衣服，或是衣服的鬼魂……？如果A的幽靈穿著一件黑色外套，那是因為A穿了黑色外套，還是因為B（看見A的鬼魂的人）習慣看他穿黑色外套？如果在A活著的時候B看見他穿棕色外套，那麼A的幽靈在B的眼中會穿著黑色還是棕色外套？還是說，當死亡降臨時A穿的服裝，會替換掉他平時穿的？」梅耶茲的猜測是，A觸發了他在B記憶中的形象，因此A的鬼魂會穿著黑色，而不是B不在旁邊時他會穿的棕色，也不是葬禮那一套，更不是C想要他穿上的草地曲棍球蘇格蘭裙，還是在他讓人喝下太多波特酒之後。

2 這對我而言毫不意外，因為我曾經兩度在不同的大陸上，進行了一項為了證明牛的好奇心而設計的實驗。我會力勸你也試一次這個實驗，單純為了那令人暈眩的刺激。走進一個遠方有牛群放牧的牧場。大聲叫囂吸引牠們的注意，然後突然倒下躺在地上。那一刻，牠們會立刻跑過來觀察你，圍繞著你，以全然屬於牛的迷戀之情俯視著你。

12 六呎之上

手術室天花板的電腦，等待瀕死經驗者

在維吉尼亞大學醫院一間手術室的牆面上，有一張巨大的阿爾卑斯草原圖片。海報中的天空和草地栩栩如生，閃耀著藍色和綠色，配上藥物過敏的宣傳，銀蓮花厚得像雪。這美麗的景致是用以安撫來這裡動手術的病人。這次的病人我稱呼他偉斯，那些花朵的服務對象正是眼前這位。偉斯就要暫時死亡了，非常短暫地。

這次手術要植入心臟去顫器。心臟去顫器最常見的形象，就是你在《急診室的春天》裡心跳停止場景中，可以看見病人胸口的那些電擊板。今天他們把心臟去顫器做成手機大小，如果你的心律不整，可以直接縫在你的胸腔內。

暫時死亡這件事，是為了用來測試偉斯新植入的心臟去顫器。在心電圖高峰之處，一陣電流將擊入他的心臟，令心跳紊亂造成心臟連續顫動而無法輸送血液。沒有氧氣送到他的腦，偉斯會臨床死亡幾秒鐘。（只要心臟在四分鐘內再度開始跳動，就不會造成永久性的腦部損傷。）

然後就輪到心臟去顫器來重新啟動心跳了。像偉斯這樣的病人，是瀕死經驗研究最理想的對象。

在阿爾卑斯風景的外面，一號手術室是一間相當標準的手術室。有一張手術台，巨大而且複雜。有一堆高聳的心臟監視器、麻醉台、牆上還有一塊白板（「距離護士節還有二十一天！」）你必須非常仔細察看，才會注意到不尋常之處。在接近天花板的地方，有一台打開的筆記型電腦貼在最高的監視器頂上，彷彿是科學圖書館沒有座位了，就把學生塞到任何可以塞的地方。這台電腦是屬於葛雷森教授（Bruce Greyson）的，他在幾條街附近的大學精神醫學系所工作。

葛雷森研究瀕死經驗（他們研究者稱之為ＮＤＥ，near-death-experience）已經二十九年了。很難一語道盡所謂的瀕死經驗。具體而言，就是一個曾經接近死亡的人，事後回想起曾經到過其他地方，而不只是在自己體內失去知覺的一種經驗。有些人想起自己在不超過天花板的地方遊盪，像一團熱空氣一樣從自己身上浮起來。有些人記得高速穿越某種隧道，通常朝向一片光，有時朝向已逝的親友[1]。記得自己在天花板附近盤旋的病人，有時候會報告說在上面看見自己的手術和復活。雖然他們的描述非常詳細準確（稍後詳述），但有些人會辯稱，那些病人可能是從他們聽見或感覺到的事情去推測的，或是無意識地把醫學電視影集、或先前在醫院的就診經驗，一起融入記憶當中。

葛雷森正試著要弄清楚：他們在不在上面？他在二〇〇四年年初開始一項研究，希望訪談八十位植入心臟去顫器的病人，在他們從麻醉中恢復之後進行訪談。如果他們提到了瀕死經驗，而且包括了出體經驗，葛雷森會要求他們詳述在上面看見的每一件事。在手術期間，葛雷森打開的筆記型電腦上會有十二選一的影像，搭配五選一的顏色，並由電腦程式隨機選出。影像都是簡單熟悉的：青蛙、飛機、葉子、洋娃娃。它們都有明亮的顏色，而且會動，以吸引病人的眼睛（或是你在脫離視覺皮質之後，會用來看東西的任何東西）。這是非常巧妙的配置：電腦螢幕面對天花板，那些影像無法從下面看見。

超心理學的實驗很少讓我感到興奮，但這個實驗當中只要有任何一個人正確描述出影像，我就會興奮到飛上天花板去了。目前為止，還沒有任何對象回報任何種類的瀕死經驗。和葛雷森作對的，是麻醉病人所用的混合藥物，其中有一種藥，會妨礙他們記住昏迷時任何可能的體驗（痛苦、恐懼、天堂的實地考察）。「不過，如果意識會離開頭腦，那麼記憶還有意義嗎？」我們今天走過來這裡的時候，這件事令他沉思。「我不知道。」在幾年前，英國南漢普頓綜合醫院的心臟內科醫師帕尼亞（Sam Parnia）和神經精神科醫師芬威克（Peter Fenwick）做了一次類似研究，六十三個心跳停止又復活的案例訪談中，只有一個人記得瀕死經驗，其中沒有人報告說從離開身體的視野看見東西。

葛雷森的合作對象，是孟塞（Paul Mounsey）所領導的維吉尼亞大學心臟科團隊。（孟塞婉拒和我交談。）有趣的是，一些最廣為人知的瀕死經驗研究報告，是由心臟內科醫師所發表的，而非超心理學家。其中一個值得注意的例子，是荷蘭心臟內科醫師拉曼爾（Pim van

Lommel）的研究，二〇〇一年發表於《刺胳針》。他的目標很簡單，但是企圖心不小：要找出引起瀕死經驗的原因。

相關的理論有很多。常見的推論包括缺乏氧氣和麻醉時使用的藥物，而的確，即使不是在真正瀕臨死亡之時，藥物和缺氧都可能是引發瀕死經驗的構成要素，當中包括隧道、光、出體經驗。（已經知道大麻、LSD、K他命、麥斯卡靈〔mescaline〕和戰鬥機駕駛員在訓練中昏迷，都會引起類似的瀕死經驗。）緊張的壓力或情緒狀態、腦內啡和疾病發作也都被提出過。然後還有葛雷森正在測試的理論，是個荒謬、了不起、令人震驚的可能性：病人的意識因為某種原因，存在並且獨立運作於身體之外。

拉曼爾和他的團隊訪談了十家醫院、三百四十四個心臟停止的病人。所有病人都臨床死亡了（由心電圖的顫動來定義），所有訪談都在復活後幾天內進行。百分之十八的人報告了至少一種典型瀕死經驗。拉曼爾驚訝於心臟停止瀕死經驗的醫學矛盾：意識、感知、記憶似乎依然運作，但這個期間病人失去「所有皮質和腦幹的功能⋯⋯這樣的一個腦，就像是拔掉電源、拆解電路的電腦。它不能產生幻覺，什麼事也不能做」，引述拉曼爾之言。

只有百分之十八的復活病人有過某種瀕死經驗，所以拉曼爾排除了腦部缺氧之類的醫學解釋。「如果是像腦部缺氧這樣一個純然生理學的解釋⋯⋯，」他寫道：「那麼大部分臨床死亡的病人都應該會有瀕死經驗。」

拉曼爾發現，對象使用的藥物和出現瀕死經驗的可能性，在統計上呈現不相關。（在麻醉做為瀕死經驗的誘因這個話題上，葛雷森的看法是，經過麻醉但沒有接近死亡的人，比起接近死亡但沒有經過麻醉的人，前者出現瀕死經驗的人數遠遠少於後者。所以，如他所述：「很難看出藥物是怎麼引起瀕死經驗的。」）

恐懼也與瀕死經驗的頻率不相關（宗教信仰、性別、教育程度也是）。剩下的原因當中，你可能會在《刺胳針》裡讀到一個：也許瀕死經驗是一種「意識狀態……，在這個狀態下個人特質、辨識、情感功能都獨立於身體之外，但保留了非感官認知的可能性。」以上引自拉曼爾的論文。拉曼爾在論文結尾鼓勵研究者繼續探索瀕死經驗的可能解釋，或至少保持開放態度，瀕死經驗或許是一種超越存在的體驗。這個意思是，如拉曼爾最近一篇論文所述，他們的意識存在於某個「看不見的、非實體的世界。」

葛雷森和孟塞都在探索這件事。這得花一番工夫。醫院的人體試驗委員會對這項研究並不自在。為了避免讓他的實驗對象不舒服，葛雷森被要求從內容表格和研究標題中移除「死亡」這個字眼。當你的研究主題是瀕死經驗時，這實在是一件非常需要技巧的任務。請記得，這些人患有威脅生命的心臟問題，他們進到醫院就是為了要治好心臟顫動的問題。葛雷森微笑。「接下來輪到危險的部分。我要問你記不記得任何事。」

我們回到葛雷森的辦公室，在夏洛特維爾一棟吱嘎作響、改造過的房屋，有一個寬廣的接待門廊，但沒人有時間坐下。葛雷森在教書工作和私人精神科執業之外，擠出時間來進行瀕死研究。我常常在他那邊晚上九點的時候，接到他從辦公室回覆的e-mail。我不確定他有沒有家人。他在醫院裡的辦公室裡，架子上放了一張裱框的照片，上面是一個孩子和幾隻山羊。「這是你的小女兒嗎？」我問過他。他說不是。我不知道接下來該說什麼。「那這些是你的山羊嗎？」這是我冒出口的話。他解釋說他和別人共用這間辦公室。葛雷森今天穿著深綠色的襯衫和休閒褲。他戴了金屬框眼鏡，臉上留著正棕色山羊鬍。他的頭髮梳得乾淨整齊，他的手常放在大腿上。在櫃子下的角落有一個啞鈴。我試著想像他使用啞鈴的樣子，但想像不出來。並不是因為他看起來不運動，只是我無法想像他活動。我只能想像他坐著、工作、工作又工作。

我們開始談到超心理學的汙名。維吉尼亞大學是全美擁有超心理學研究單位或實驗室的三間大學之一。他們後悔嗎？葛雷森說，對於是否要接受那筆建立超心理學單位的專款捐贈，一開始的確有相當多爭議。一九六八年，全錄複印機的發明者卡爾森（Chester Carlson）在妻子力勸下，將大筆金錢贈予維吉尼亞大學，用以研究死後意識留存的問題。表面上看起來，這個決定和這個系所與大學之間相安無事。「不過，如果你和個別的人聊過，」他說：「你就會知道整個情況是怎麼回事。有些人認為這個研究是在浪費時間和資源，也有些人認為這對醫學是很有價值的貢獻。」葛雷森在超心理學同事之間所得到的尊重，很可能高於精神科同儕對他的尊重，但他在這裡身為研究者，似乎也相當受到重視。在他的壁爐架上，有一個青銅半身像，是大學頒給住院實習醫師的威廉・詹姆士最佳研究獎。我從來不知道威廉・詹姆士看起來這麼像湯瑪斯・傑佛遜。

「那就是湯瑪斯・傑佛遜，」葛雷森說。「那是你在維吉尼亞州夏洛特維爾唯一找得到的雕像。」

薩崩（Michael Sabom）是第一個涉入瀕死經驗研究的心臟內科專家，他目前在亞特蘭大執業。薩崩讀過精神病學家慕迪（Raymond Moody）的研究，慕迪創造了「瀕死經驗」一詞，並在一九七五年的著作《來生》（*Life After Life*）當中發表了一系列的案例。薩崩對於慕迪的研究很感興趣，但保持懷疑態度。他並不滿意慕迪的軼聞手法，對於病人描述離開身體時所看到的東西，慕迪也沒有個別加以驗證。

薩崩當時是亞特蘭大埃墨里大學（Emory University）內科和心臟內科教授，他決定親自進行一項控制研究。他訪談了一百一十六位心跳停止又被救活的人，其中有六位記得，在瀕死的出體經驗過程中，看見了特定的醫療細節。他把這六位病人描述自己被救活的過程，和他們的病歷資料報告進行比對。醫學報告和病人的描述完全沒有牴觸，也沒有任何醫學上的錯誤。

至於控制組的情況就不同了。薩崩很好奇想知道，長年的心臟病患者是否也能正確描述心臟急救過程的細節，他決定訪談二十五個待過心臟重症室的人，這些人曾經處於和實驗組類似的環境中。他們都很熟悉心臟急救的畫面：心電圖監視器、電擊板、點滴架、急救推車。控制組被要求盡可能詳細描述，如果他們的心跳停止跳動，醫院人員試著救活他們時，他們可能會看見什麼。二十五人當中，有二十二人的描述出現明顯不合的醫療錯誤，像是電擊板被掛在氧氣瓶上，或是裝上呼吸罩。他們想像醫生捶著病人的太陽神經叢⓬或猛擊著背部，而不是胸部，皮下注射針被用來傳送電擊。一切彷彿是放了一隻黑猩猩在急救室裡。

至於那六位有過瀕死經驗的病人當中，以下是其中一位向薩崩描述他被救活的過程。這足以代表這些人記憶的詳細程度和一致性：

他們把電擊板放在你胸部大概哪個位置？

嗯，醫生，那些不是板子。那些是圓形碟片，上面有把手……他們放了一個在上面這裡，我想這個比另一個大，他們在下面這裡也放了一個。

他們把那些東西放在你胸部之前，有沒有先做什麼事？

他們放了一根針在我身上……他們用雙手拿針，我覺得這很不尋常，然後像這樣推進我的胸部。他用了手掌根部和拇指把針推進去……

在他們電擊之前，還對你的胸部做了什麼事嗎？

不是他們。是另一個醫生，當他們第一次把我丟上台子，是那個醫生電擊我的……。這次他把拳頭舉到頭的後方，然後捶在我的胸口正中央……。他們塞了一條塑膠管，就像你會放進油箱的那種，他們把它塞進我的嘴裡。

另一個病人描述了電擊器的一對指針，「一支固定，一支會動，」那正是一九七〇年代典型的電擊器（那個人的心臟病發作於一九七三年）。薩崩問他指針是怎麼動的，他回答：「其實看起來似乎相當慢。那不是像電表或電壓計那樣突然移動的，和一般的計不同……。第一次它移到三分之一和二分之一的刻度之間。然後他們再做一次，這次是超過二分之一的刻度之上。」雖然這個人曾經是飛機駕駛員，但他在訓練期從沒有見過CPR器材。

當然，薩崩的實驗對象也有可能是在心跳停止之前或之後一段時間，根據所感覺或聽見的事情推斷出來的。（這些訪談是事隔多年之後進行，所以無法靠醫生來證實特定的時間點。）病人有可能聽見醫生和護士說的話，然後在潛意識中虛構了符合的細節畫面。聽覺是人們失去意

⓬ 譯註：太陽神經叢（solar olexus），即腹腔神經叢，位於肋骨和腹部間。

識時最後失去的器官。多年來醫學期刊上有許多文章呼籲，說麻醉病人在手術期間可以聽見別人談論他們，所以應該加以重視[2]。不只是像這樣的話：「護士，多吸一點」，還有像「這女人沒救了」和「這男人怎麼能胖到這種地步？」等，這些都是病人報告的真實案例，且刊登在一九九八年的《英國麻醉期刊》。

如果病人可能聽得見，那麼他們也有可能會半途睜開眼睛看見東西，然後他們看見的東西就可以和從上俯瞰的觀點合而為一。幾年前，日內瓦和洛桑的大學醫院「功能神經內科和神經外科計畫」的癲癇症研究者，在腦內偶然找到一個點，當受到刺激時，的確可以造成從上面俯看自己身體的知覺。那些影像是如此真切，使得上述病人在被要求抬膝蓋時，身體卻往後退，因為她覺得她的膝蓋會撞到自己的臉。然而，那畫面只限於自己的身體，並不包括傢具、機器，或旁邊的研究者。但一個人還是有可能從看見或聽到的事物當中蒐集資訊，並與這種觀點融合為一。

若要證明超感官知覺，瀕死經驗研究的聖杯應該是聾盲病人：如果他們在瀕死經驗期間真能「看見」東西，而且事後獲得確認。這些東西不會是來自他們曾經看見或聽見的印象——因為他們根本看不見也聽不見。

薩崩最接近的一樁個案，是一個叫做雷諾德（Pam Reynolds）的女人，她在一九九一年進行腦部手術時，眼睛被貼住，耳內放入一個發出答答聲的特製耳塞（可以觀察腦幹對答答聲的反應，藉此監視腦部的運作。）有了這項監視，加上她的腦波圖是平的，表示所有腦部活動已經停止了（外科醫生要處理一個很大的動脈瘤，必須排出她腦部的血液），她卻說她「看見」了米達雷克司牌（Midas Rex）骨鋸用在她的頭顱上。她說那看起來像個電動牙刷，而它的可換式附件放在一個看起來像套筒板手箱的東西裡。我到米達雷克司網站看了他們的骨鋸。的確，骨鋸看起來不像我看過的任何鋸子。它們看起來就像電動牙刷，不是我們平常用的那種，而是牙醫師用的，有可換式刷頭和金屬把子，連著一條彈性長管通到一個電機箱。等我從廣告詞中回過神來（「真正高速的切骨表現」！……「專為切割、鑽孔、擴大……」），我點選了工具箱頁面，有各種工具放在一個箱子裡，看起來就像一個套筒板手箱。

但為什麼雷諾德無法描述那個房間裡任何的人呢？薩崩提出「武器專注現象」，你可以在一九九〇年發行的《法律與人類行為期刊》（*Journal of Law and Human Behavior*）中讀到。這項研究顯示，武裝犯罪的受害者中，有百分之九十一的人可以精確記得對著他們的武器，但只有百分之三十一記得拿武器的人。也許骨鋸奪走了雷諾德的注意力。誰知道，或許她也逛過米達雷克司的網站了。這正是軼聞會遇上的問題。

雖然沒有聾盲者的瀕死經驗研究，但有一項研究針對了盲人的瀕死經驗。心理學教授和國際瀕死研究協會的共同創立者瑞因（Kenneth Ring），和當時是心理學博士候選人的庫柏（Sharon Cooper），接觸了十一個盲人組織，解釋他們正在尋找有過瀕死經驗或出體經驗的盲人。他們最後找到三十一個實驗對象（並於一九九九年發表在《心靈視野》〔*Mindsight*〕一書）。其中有二十四個人報告說他們在經驗期間能夠「看得見」。有些人「看見」他們的身體躺在他們之下，有些人則「看見」他們所在房間或建築物裡的醫生和醫護人員，有些人「看見」死去的親人或宗教人物。

很奇怪的是，這些報告說「看見」東西的實驗對象，也包括了一出生就看不見的盲人：這些人的夢中幾乎不曾有過視覺影像，只有聲音和觸覺印象。其中一個例子，是一個叫做柏萊德的人，他說他漂浮在建築物之上，可以看見街道上的雪堆，是那種「非常柔軟潮溼」的融雪。他看見一個遊樂場，和一列電車行駛在街上。當他被問到，會不會他只是感覺到東西，而不是真的看見，柏萊德回答說：「我非常清楚地看見它們。我記得能夠看得相當清楚。」（其他人比較沒那麼確定：「是看得見，但不是視覺景象。」一個叫克勞迪雅的女人說。）可以理解的是，這種經驗非常令人困惑，而且令人感到害怕，如同一位女士告訴瑞因的：「就像聽見說話卻沒辦法了解意思，儘管明知道那是一些話語。」

我主要感興趣的是，盲人所「看見」的東西中，有沒有什麼明確、特殊的細節，正好有其他人看見並加以證明了。這本書有個章節提供了強化證據，但有點令人失望。可以證明盲人說法的人，通常都無法追蹤了，或是不記得事件的任何細節。有個例外是一個叫做南西的女人，她失去視力是手術併發症的結果（他們意外割斷她心臟附近的一條血管，然後又把它縫起來）。

不幸發生後，當她被推往緊急手術室的途中，她「看見」她的情人還有她孩子的父親站在走廊上，之後她就被推進電梯了。瑞因找到了情人和父親，兩位都確認他們看見她的輪床經過走廊另一端。然而她究竟何時失去了視力，仍是一個問題。（是在她被推進手術室之前還是之後？）這很難算是出色的「致命一擊」，借用蓋瑞．史瓦茲的說法。你會希望這兩個人，或至少其中有一個人，被她「看見」做了什麼特別的事（然後有其他人可以證明），比如說，正在吃香蕉，或是被點滴架絆倒，而不只是站在那裡。

我讀過印象最深刻的「致命一擊」，並不是來自盲人，而是一隻球鞋，被一位叫做瑪麗亞的移民工看見，她在西雅圖心臟病發作。瑪麗亞告訴她的加護病房社工（這位社工的父母對她做出明顯的傷害，把她命名為金百利〔Kimberly〕，而她的姓是克拉克〔Clark〕[3]），她不只花時間看著自己被急診團隊急救，而且還飄到大樓外和停車場上頭。就是從那裡，她注意到在大樓三樓北端突出的地方有一隻網球鞋。當天稍晚，金百利．克拉克上到三樓在瑪麗亞說的地方找到一隻網球鞋。可惜她沒有帶目擊者一起前往。

球鞋故事最後傳到了瑞因那裡。如同《心靈視野》中那些無法證實的盲人瀕死經驗軼事紀錄，瑞因以類似的方法開始研究「瑪麗亞球鞋案例變奏版」，這次他要試圖加以證實。他找到三個，並於一九九三年發表於《瀕死研究期刊》（*Journal of Near-death Studies*）。奇怪的是，三個當中有兩個和鞋子有關。第一個故事中，瑞因和一個加護病房的護士連絡，她渡假後回來工作，鞋子上繫著方格鞋帶。一個她幫忙救活的女人，在隔天看見她時（應該穿了不同的鞋），說：「喔，你就是綁方格鞋帶的那個。」當護士表示驚訝，女人說：「我看見了。昨天死的時候，我仔細觀察了發生什麼事。」另一個出體的心臟病患對護士說，他看見醫院屋頂有一隻紅鞋；一位住院醫生感到懷疑，他請管理員讓他上到屋頂，結果在那裡找到一隻紅鞋（也拋開了他的懷疑）。這世界上一定有人正在寫一篇關於「鞋子專注現象」的期刊論文，但在那篇文章完成之前，出體旅行者對鞋子的偏好仍是個未解之謎。

瑞因訪談了這兩位護士，不過顯然無法再找到第三者做輔證。有可能病人不知為何在手術之前就看過這些東西了。以屋頂鞋子的案例來說，那也有可能只是巧合。你無法確定。你只能信賴某個人的話。這其中的危險性，從瑞因的書中最後一刻手工黏上的勘誤表，顯露無遺：

> 建議讀者可以完全忽略……附錄，其中描述了一位盲女自稱擁有瀕死經驗……我們非常懊惱地發現，這個案例是假的。麥吉爾博士之前對這個案例很有信心，並提供給我們，現在她相信自己被上述那位女人欺騙了。

這就是為什麼我喜歡天花板電腦計畫的原因。這是個研究，不是傳聞。不幸的是，這是個進度緩慢的研究。因為人體試驗委員會的限制，葛雷森至今訪談的對象不到三十人。

有沒有其他實驗方法，能夠證明心靈（靈魂、人格、意識、無論什麼）可以脫離肉體獨立移動嗎？有，但並不是主流研究者願意採用的方法。這牽涉到那些宣稱可以靠著自由意志讓自己得到出體經驗的人：他們就只是把自己的意識拉出車庫，然後出門兜風去[4]。

如果你想證明自我的某種形式或痕跡，也許真能獨立於肉體和腦之外，你可以在某個房間內裝置偵測器，離開這些自稱能夠自由漂浮的人一段距離，然後指示他們到那裡去。若要藉此論斷這就是死後會發生的事情，的確還嫌太早，但至少對我而言，要讓我接受瀕死經驗並非神經學或心理學上的現象，這樣會更容易。

在一九七七年，一群超心理學家在杜克大學的校園裡進行了這樣一項計畫。我很高興看見這個研究的主要作者是愛丁堡大學已故的莫里司（Robert Morris）。我幾年前寫過一篇關於莫里司的心靈感應研究的文章。我很高興知道他和懷疑論團體「聲稱超現象科學調查委員會」（Committee for Scientific Investigation of Claims of the Paranormal，CSICOP）合作設計實驗程序。

莫里司團隊的實驗對象，是一個叫做哈拉利（Stuart Harary）的人，他曾經參與之前在杜克的出體經驗計畫。哈拉利被指示離開他的身體，前往兩間偵測室的其中一間，分別距離五十呎和四分之一哩遠。為了判定他是否真的可以這麼做，莫里司派人在偵測室站崗，要他們試著感覺哈拉利的「來訪」。結果形同隨機猜測。控制組的偵測報告數，和哈拉利相信自己離開身體時的報告數一樣多。

莫里司猜想，動物可能對超感官存在比較敏感，所以接著進行了一系列測試，使用蛇、沙鼠、小貓為偵測者。籠子被設置在活動平台的上面，然後以複寫器記錄其移動，讀出的資料稍後可以用來比對哈拉利的「造訪」。任何參觀過爬行動物館的人都可以預測得到，蛇並沒有用。牠們在哈拉利來訪時並沒有移動，哈拉利不在時牠們也不動。沙鼠證明了類似的無動於衷。「這些囓齒動物大部分時間要不是咬著籠子的柵欄，就是安靜地休息。」莫里司寫道。

莫里司最後放了一隻小貓，而且似乎呈現出對哈拉利的喜好。小貓沒有被關在籠子裡，而是被放在地上貼了方格板的柵欄區，這次動作測量的是每百秒鐘的方格數和動物的發聲率。令人失望的是，當哈拉利表示在那裡的時候，小貓似乎變得較不活潑，這讓某些研究者懷疑是否應該顛倒實驗程序。也許哈拉利的出現並不能刺激動物，反而安撫了牠。莫里司和他的同事採用了好幾種不同的方法，其中一種是把小貓關在一個倒蓋的盒子裡，當哈拉利來訪時，勾住滑輪上的盒子會被緩慢且戲劇性地拉起，像個舞台布景。這時我想插入一個畫面：一群白髮杜克校友晃進大樓，進行他們的返校之旅。

這實驗拖了很長的時間，到了第十一頁，莫里司開始稱小貓為貓，注意到牠那時已經長大了。他報告了一些軼事，但令人挫折的是，一些不經意的路人反而比實驗中的「人類偵測者」更容易感應到哈拉利。這些軼事似乎暗示有什麼事情發生了，但大體上來說，沒有什麼可以代表哈拉利已經在別的地方，而不只是他的頭裡面。無論如何，每個人似乎都玩得很高興，也豐富了科學文獻的內容，實驗並引進了一種新的測量單位：「每秒貓叫次數」。

幾年後，一個非大學機構的超心理學研究團隊嘗試了一個類似的實驗，以應力器代替小貓和沙鼠。這次我們的出體旅遊者，是來自緬因州的業餘超心理學家唐諾司（Alex Tanous）。為了清楚分辨，唐諾司先生把他出體的自我稱為艾立克斯二號，留在家的自我稱為艾立克斯一號，所以我也這麼稱呼。艾立克斯二號的任務，是行進六個房間遠的距離，進入一個懸掛的十八吋的立方體（以避免地板震動造成應力器的變化），觀看隨機影像播放。總共有五個影像，分別出現在四個象限的其中一象限，且有四種顏色變化。在此同時，艾立克斯一號會告訴研究者他看到了什麼。全程拍攝下來，讓研究者仔細觀察，當艾立克斯二號正確報告「看見」的時候，應力器是否同時記錄了力量，這表示他真的來到立方體中，而不是藉由一般的超感知覺遙知目標。

研究主持人歐西斯（Karlis Osis）死於一九九七年，他報告說唐諾司命中一百四十四次，答錯八十三次。這是否表示，隨機猜測的命中率只有八十分之一（相當於百分之一點二五），但唐諾司在三方面（顏色、象限、影像）都答對的機率高達了百分之六十三？為什麼這個人沒有上新聞？為什麼他沒有顛覆整個世界？歐西斯進一步宣稱，當艾立克斯二號正確看見目標的時候，房間內應力器平均被觸動的程度，明顯大於他沒有正確看見的時候。「因此，」論文總結：「我們的看法是，（應力器）的結果最可能歸因於實驗對象出體，出現於防護室內。」

雖然我在想，和唐諾司說話可能會讓我開始咬自己籠子的柵欄，但我還是決定打電話給他。我沒有成功，因為一九九〇年艾立克斯二號就像歐西斯一樣，離開肉體進行他的單程旅行去了。所以我們得到的結論是，要不是唐諾司是某種奇怪的活鬼魂，可以隨傳隨到，要不然就是歐西斯被騙了，或是個草率的研究者。

所以讓我們暫且假設，有過瀕死經驗的人是真的離開了自己的身體。它們進行了某種超凡的旅程，進入不同的維度空間，這個空間中有一個交流道可以通往死後的世界。這表示瀕死經驗也許能讓我們偷偷預覽一下近在眼前的永恆——如果有人保留了瀕死經驗者對於那地方的描述清單。

有人真的這麼做了。薩崩的書裡包括了一份附錄，是全部二十八個實驗對象在瀕死經驗期間對於「超凡環境」的一瞥或「參觀」印象。其中有兩種基本版本：氣象報告和農場報告。有整整一半的環境描述只提到天空。天堂似乎擁有和地球類似的氣候系統，晴天有陽光的報告次數，和陰天有霧次數大約相當。其中一兩位特別具有氣象員特質的，同時回報了這兩種天氣（譬如說「晴時多雲」）。

二十八個描述中，另外一半則是花園或牧場，通常會加上一道門。天堂的農場大致上都是荒廢的，有一個例外是牧場上面有牛在吃草，另一個例外是土地上有人，「各種不同國籍的人，在做著各自的手工藝品。」

到底是怎麼回事，似乎相當清楚了。人們經歷了某種驚嘆、幸福且全然陌生的經驗，然後根據自己對天堂的想像來詮釋它。葛雷森贊同這一點。「我認為這個經驗是無法形容的，所以我們只能用任何現有的框架、模式和類比套在上頭。」葛雷森說，這些文化層面也適用於說明穿梭隧道的經驗。「我曾經訪談過一位卡車司機，他用穿越排氣管來形容這種經驗。」被送回到自己身體的經驗也是一樣。在我讀過的一篇期刊文章中，一個住在印度的男人體驗到，他被告知說這是個「神學上的錯誤」[13]。

當然，另一個解釋是，擁有這些瀕死經驗的人真的看見天堂了，而天堂看起來就像在聖書裡看見的樣子。當然，這很難證明。到過那裡的人不可能帶回照片。最好是某個懂科學的人，某個值得信賴而且有來歷的人。

一九九三年十二月二十六日，哈伯望遠鏡目擊了天堂並拍下數百張照片，然後將這些天堂的照片傳送到馬里蘭的戈達太空中心……。在天堂的照片中，你可以看見明亮的光芒

---

[13] 編按：可能是告訴他時辰還沒到。

和看起來像聖城的東西……天堂的位置就在宇宙的盡頭。

這則重要訊息來自「網路宗教新聞服務」。某個黃道吉日我打電話給戈達太空飛行中心，看看他們有沒有什麼要說的。「嗯，」一位脾氣溫和的發言人康平（Ed Campion）說：「哈伯的確是對準了宇宙最遠處的模糊光芒。」這就是為什麼ＮＡＳＡ要把望遠鏡送上太空的原因：讓它接近宇宙最古老、最遙遠的部分，那些從宇宙大霹靂的一刻就存在的東西。但康平並沒有聽說過天堂照片。也沒聽過ＮＡＳＡ有艘祕密的太空偵測船錄到成千上萬的聲音唱著「榮耀、榮耀、榮耀天國的上帝」，一遍又一遍——這是「網路宗教新聞服務」上想像力豐富的朋友所做的報導。也沒聽過ＮＡＳＡ有張照片是「太空深遠兩個巨大的、像人的眼睛，周長幾十億光年，相隔幾十億光年，望著地球。」

「最後那一個說法，」康平說：「有點讓我不寒而慄。」

就現實來說，如果瀕臨死亡者所體驗的地方，的確超越了腦神經學現象而存在於某處，那麼要讓太空人找出所在位置，可能性並不會高於早期解剖學家想找出靈魂位置。它存在（如果它真的存在）於一個超越時間空間的維度，我們基本上無法進入（如果真被我們找到的話），除非我們死亡。葛雷森認為，腦部如果停止了日常活動，就像臨床死亡期間一樣，可能使得意識轉換到一個平常被噪音鎖住或藏匿的頻道。「就好比正常運作中的頭腦會阻止你進入那裡，」他告訴我：「而當你把頭腦的那些部分打昏，你就可以進去了。」

除了與死神搏鬥之外，有沒有其他方法可以離開煩人的日常感覺，體驗那可能不是隨時存在的超凡實境？你猜得沒錯。下面這段文字來自《麻醉學》這本書關於K他命的章節：「我突然發現自己和光芒進行著非語言的交談，我相信那是上帝。」倫敦心理學家兼K他命權威詹森（Karl Jansen）在他的書《K他命：夢與現實》（*Ketamin: Dreams and Realities*）中引用這段話。K他命在今天很少被用來當麻醉藥，而普遍被當做消遣性藥物來使用。詹森過去一直認為，既然K他命、LSD、大麻等東西，可以產生代替性的瀕死經驗，這表示手術病人或心跳停止病人的瀕死經驗只是類似的幻覺。

但他稍後又改變了他的論調：「人為方式雖然能夠引發瀕死經驗，但並不表示自然產生的瀕死經驗就是『非真實的』。」詹森在《K他命》中寫道。「已經有人推論這兩者都可能牽涉到一種大腦的『重新調頻』，讓人體驗到與日常世界不同的實境。」如果這是真的，這表示有可能藉著使用K他命預覽死亡：這正是里爾利（Timothy Leary）和力歷（John Lilly）在「自願死亡經驗」中所做的事，他們自稱為精神漫遊者（psychonaut）。

我從詹森的書上讀到，如果你想藉由K他命引發瀕死經驗，你得使用相當高的劑量，並採用注射的方式。你還應該準備好會有各種生理上的副作用，包括危險或丟臉的副作用。你的身體會突然無法控制地抽搐。詹森在書中轉述了《基礎迷幻藥指南》（*The Essential Psychedelic*

Guide）作者透納（D. M. Turner）的忠告：當你使用K他命的時候，請一個朋友或「看護人」陪同。（詹森諷刺地指出，透納獨自死在浴室裡，浴缸旁邊有一瓶K他命。）

在我在英格蘭參加靈媒課程之前，我和詹森約在倫敦見面。我希望他可以當我的看護人，但我當時沒有說出來。我希望他會主動提出。我想像我們會坐在他的辦公室聊一聊，然後他會打開抽屜。「我這裡剛好有一些K他命。我很樂意提供你一個安全的臨床環境，感受一下瀕死經驗，而且絕對沒有難看的副作用。」

詹森並沒有提出這樣的事。他正要搬到紐西蘭，所以住在倫敦的旅館。他沒有辦公室，所以我們在他旅館的酒吧見面。他很高很親切，而且陪同而來的是一個同樣很高很親切的俄國女人。我們聊了一個半小時，壓過喧嘩大聲交談，俄國女人在旁邊專心地看著。我想像當我翻著白眼手腳痙攣，她也這樣專心地看著。我不想要詹森醫生陪我服藥了。

自願死亡的另一個清醒的選擇，就是佛教的冥想。佛教淨土宗的歷史可以回溯到西元四百年，他們相信藉由採取極端形式的冥想，有可能經驗到天堂般的場景，就和與死神搏鬥的人所經驗的一樣。這些人是最早的瀕死經驗研究者。小和尚的工作之一就是坐在即將圓寂的老和尚的床邊，快速抄下他們死前看到的淨土影像。到了十一世紀，已經抄下了一百多則關於淨土的描述，其中有許多人是原本以為死亡，後來又活了過來。善導大師是其中最狂熱的一位。他在講道中對於淨土有著許多生動的描述。可能還太生動了：大阪大學教授貝克（Carl Becker）在發表於《回生：瀕死研究期刊》（*Anabiosis: The Journal for Near-Death Studies*）的文章中寫道，至少有一位聽道者不由得採取捷徑，在聽完講道之後沒幾天就自殺了。

如果你也希望預覽一下死後世界，以下是「持續步行冥想實踐」的做法：「在九十天的期間，只能夠繞著圓圈行走……直到三個月過去，片刻也不能躺下。直到三個月過去，都要持續行走不能停止（除非為了自然功能）。」

在你開始之前，我應該先警告你，佛教淨土宗和K他命使用者偶爾也會經驗到比較像地獄、而非天堂的情況。瀕死經驗者也是。研究者愛華特（P. M. H. Alwater）訪談過超過七百位瀕死經驗者，他說其中有一百零五位把他們的經驗形容為不愉快。但研究者表示只有一位描述了真正有如地獄的情境。心臟病專家勞林司（Maurice Rawlings）所列舉了十幾個故事當中，人們聽見尖叫和呻吟、目睹令人毛骨悚然的暴虐場景，施暴者是醜怪的半人半獸。勞林司的第二本書令瀕死經驗團體不以為然，他提倡信仰基督教，以確保自己最後不會進入某種地獄場景中，就像他那些非基督教瀕死經驗者所描述的那樣。

如果你把勞林司排除在外，很少人提到地獄般的景象和聲音[5]。你會很高興知道愛華特從未聽說任何關於火的描述，或不合時令的炙熱場景。愛華特和葛雷森都推論，不愉快和愉快的瀕死經驗，之間的差別多半在於態度。隧道盡頭的明亮光芒，可以看起來溫暖而令人嚮往，也可以看起來神祕而令人害怕。人們在「全都做著手工藝」的世界，可以看起來像天堂，也可以像地獄，如果你是我的話。同樣廣闊無際的天空，對一個人來說可能是美麗的，對另一個來說可能是孤獨空虛。我曾經訪談過一個地理學家，他在空曠、強風吹刮的南極洲冰原上研究隕石，那裡的雪堆積得像是及膝的白色漩渦。他有時候會對大眾談論他的旅行並放幻燈片。大部分的人都告訴他，他們無法想像一次花上好幾個月時間待在那麼寒冷貧瘠的地方。但有一天晚上，一位安靜的老婦人在他收拾幻燈片的時候走過來，對他說：「你到過天堂了。」

葛雷森也寫過他稱之為悲慘瀕死經驗的論文。我問他有沒有人研究過，地獄般瀕死經驗是否和刻薄腐敗的人格有關。你知道，我只是好奇。他的答案令人疑慮盡消：「我們有過非常幸福快樂的描述，是來自可怕的人。」他告訴我一個黑手黨毒販的故事，他被槍打中胸部，然後被丟下來等死。當他躺在那裡流著血，他感受到「一個美妙的經驗，他感覺到上帝的存在和無條件的愛。」葛雷森研究的重點之一是瀕死經驗對人生的影響，結果通常是非常正面的。比如說，這個毒販離開了黑手黨，現在在輔導不良少年。「他遠離他的生活方式，」葛雷森說。「我和他的前女友談過，她對我抱怨：『洛基再也不在乎金錢，也不在乎任何物質上的東西了。』」

我不知道偉斯能不能聽見任何聲音，但他一定看不見。他的臉和身體都被藍色手術衣覆蓋著。如果他可以看見，他一定會覺得很有趣。在房間裡的每一個人都穿著笨重的鉛裙和相配的鉛圍兜，以保護甲狀腺和生殖器官，避免被X光照到，那X光是用來幫助外科醫生穿入感應電線到偉斯的心臟[6]。電線會被連到身體的去顫器上，去顫器稍後會被縫在胸肌處，就在一般傳統襯衫口袋下面一點點。

現在正是要讓偉斯暫時死亡的時刻。去顫器公司派來的技師從一台小電腦上遠端操控植入的機器。螢幕的角落有個令人不安的公司標誌，一顆心臟上面有一道閃電穿過。「我們正在準備電擊，」技師宣布。取決於電壓的大小，以及電擊那一刻心臟的反應，這些電可以誘發或停止顫動。「所以它可以殺了他，也可以救活他。」她輕快地說。

這次，他們的目標是誘發顫動，暫時性的，當然。「開始了。」技師說。「我正在啟動……開始誘發。」電流讓偉斯的胸肌劇烈地收縮，他的軀幹突然跳離台面，彷彿他是從背後被踢了一下。「ＶＦ，」技師說，聽起來很緊急但掌握狀況。ＶＦ是心室顫動。在心電圖螢幕上，偉斯的心跳非常疲憊慌亂。他現在心裡在想什麼？他看見明亮光芒了嗎？高速穿過隧道？上拼布課？無論他在哪，都是一次很短暫的造訪。三秒鐘後去顫器就準備好電擊他，讓他回到正常的心跳。

二十分鐘後，偉斯被推進恢復室。理論上來說，一個能夠進入恢復室的人不會是死掉的。就定義上，死亡是一個沒有回程票的目的地。但臨床死亡並不是完全的死亡。所以我們怎麼知道，說不定瀕死經驗只是瀕死的標記，而不是死亡本身？如果再過幾分鐘，明亮光線變暗，幸福快樂感覺消失，然後你就，呃，死了？我們不知道，葛雷森說。「有可能就像跑到巴黎機場，認為你已經看過法國了。」

在這個充滿不確定資料和超自然模稜兩可的領域中，葛雷森實在是個非常有耐心的人。我問他心裡怎麼想。人格在死後會續存嗎？當然，經過這些年，他有一個想法。「如果我們得到證據，能證明我們會繼續存在，我並不會感到驚訝。但如果我們得到證據證明我們不會存在，我也不會嚇壞。」

薩崩就比較明確。我e-mail問他，他是否相信，在瀕死經驗期間意識會離開身體，而且能夠以超感官的方式感覺到東西？「是的。」他如此回答。

我問拉曼爾同樣的問題，也得到同樣的回答。「我相當確定那不是幻覺或閒聊，」他寫道：「我相信意識可以離開身體獨立經驗，在腦部無功能的期間，可能有非感官的認知。」

拉曼爾把一篇新論文的初稿寄給我看，他提出了一個理論，想說明為何瀕死經驗是有可能的。他使用了電台或電視傳送的比喻。這些頻道，這些充滿訊息的不同電磁場一直都在那裡。如果你已經在看Bravo頻道就不能看HBO，但並不表示HBO停止存在。「是否可以將我們的腦比做電視機，它接收電磁波並轉換成影像和聲音？當腦部功能喪失，就像臨床死亡或腦死的時候，記憶和意識依然存在，只不過感受能力已經喪失，連接中斷了。」然後他開始對我來蓋瑞・納宏那一套。他的論文涉及量子力學，相空間（phase space）對實空間（real space），還有非邏輯性和可能性的領域。神經微管也出現了。我得把它放下。

我無法衡量這種推論，因為我沒有任何量子物理的背景。幾個月後，我得到卓克索大學（Drexel University）物理學家分戈德（Len Finegold）的回信。我提到以量子力學為基礎的意識理論。你不可能聽得見有人在e-mail那一端嘆氣，但無論如何我聽見了。「請小心，」他如此回答：「有很多人相信，對什麼事找不出一個解釋的時候，就推給量子力學。」

所以我只好靠天花板上的傢伙撐下去了。只要有人可以看見葛雷森電腦裡的影像，你就可以讓我成為一個信仰者了。

註釋

1 有時候可能是前夫。一個名人網站報導，伊麗莎白・泰勒在她的瀕死經驗中看見麥克・陶德。「他把我推回我的生命。」網站引用她的說法。至於這是為了她好，還是為了他好，就不得而知了。

2 我最喜歡的是一九六五年在《直腸病學期刊》（*Journal of Proctology*）中的一篇文章〈麻醉病人聽得見而且記得住〉。「病人對手術壓力的生理調節，可能會因為他們所聽見的話而受到強烈干擾，」作者寫道，誤導我以為他是個關心病人的醫生。然後他繼續：「就算我們不在乎病人，法醫學上的推論也會很明顯。」我坐在那裡不敢置信地眨著眼。十二頁之後我又出現了同樣的反應，這次是看見國際直腸病學會（International Academy of Proctology）的會徽：一隻雙頭蛇神杖，頂端是一段自由漂蕩的直腸。

3 在網路上確認Kimberly Clark的拼法的時候，我注意到這座個人衛生帝國已經擴展到衛生棉了。這是一個全球化大廠，吐出多種品牌的紙尿布、成人紙尿布、拋棄式訓練褲、尿床者專用內褲、「可沖入馬桶的溼紙巾產品」、得獎的拋棄式泳褲，以及「像布一樣夠強韌可以清除大量污垢的紙抹布」，這裡的大量，可能不是那成千上萬使用過的拋棄式衛生產品的那種大量。

4 當然，他們是真的旅行到某個地方去，或只是經歷了栩栩如生的幻覺，這當中仍有歧見。關於這點有一個很好的討論，可以在《追根究底之士》中布雷摩（Susan Blackmore）寫的一篇文章的參考書目中找到。布雷摩從超心理學家轉變成懷疑論者，她自己有過出體經驗，你可以在「科學家超自然經驗檔案」（The Archives of Scientists' Transcendent Experiences，TASTE）這個網站中看到。

5 也就是說，地獄般的聲光景象很少出現在瀕死期刊當中。但你可以在某些基督教基本教義派的刊物

6

中找到。我曾經讀到過，三一廣播電台一九九〇年二月發行的通訊《讚美上帝》中有一篇文章，說到科學家在西伯利亞鑽洞，然後突然打通到一個中空的空間，那裡傳出尖叫，以及超過兩千度的溫度。我和電台期刊部門的一位女士談過，她很抱歉無法寄給我二〇〇三年之前的過期期刊。「我們每年都把舊的丟掉。」她的回答令人困惑：「我們把它們丟進碎紙機。」

現在我必須解釋，偉斯並不是在維吉尼亞進行手術的那位病患，而是在離我較近的舊金山接受心臟去顫器植入手術。因為人體試驗委員會不允許我進入葛雷森的手術室。所以我和UCSF醫學中心聯絡，他們很慷慨允我進去旁觀偉斯的手術。在此向讀者致歉，並感謝UCSF醫學中心（該中心名列二〇〇四年《美國新聞與世界報導》全國最佳醫院評鑑第六名）。也要感謝失去意識的偉斯，他事後還寫信說很抱歉沒能「好好招呼」我。

後記

過去這一年的某個時候我讀到，最能夠強力影響你對超自然現象的想法的，是你的朋友和家人。你和說鬼故事的人愈親近，你就愈容易相信故事裡的鬼是真的鬼魂，而不是一隻浣熊或暫時性的腦葉發作。塑造你信仰的，並不是研究者或揭穿者，也不是電視靈媒，除非以上其中一個是你的母親或好友。塑造你信仰的，是你自己的經驗和你親友們的經驗，然後再由研究者、揭穿者找電視靈媒來驗證一切。

現在你已經花了二百六十七頁和我在一起，我猜我幾乎可以歸為朋友那一區了，或是你認識的人那一區。你可能很好奇，此刻的我相信什麼？我這一年來所蒐集的證據，是否讓我相信了任何我一年前並不相信的事情？的確。我開始相信葛雷森相信的事情。我曾經問過他，是否相信瀕死經驗提供了證據，證明死後的存在。他回答說，他只相信，那些是我們現今知識無法解釋的某些事的證據。我想我相信在人類的生命中，並非每一件事都能完美且令人信服地填入井然有序的科學細工之中。當然大部分的事情都可以，包括大多數人歸之為命運、鬼魂、超能力、木星上升的東西，但並不是每一件事。我相信其他的可能性，而不是已經存在的這些（比如說，轉世，或是死人透過靈媒溝通）。雖然並不多，但已經比我一年前相信的還要多了。

也許我搞混了知識和信仰。當我說我相信某件事，我的意思是我知道它。但也許信仰是更微妙的東西。是一種傾向，而不是知道。有可能不知道就相信嗎？有很多人會告訴你他們知道上帝存在，就像他們知道地球是圓的，天空是藍的一樣，但也有很多人，可能是更多數的人，他們相信上帝，但他們並不宣稱他們知道。他們不需要知道就能相信。我記得有一次和我的朋友提姆站在廚房，聊到有機牛奶。我以一貫過度激動的冗長方式解釋，為何我無法被說服有必要每公升多花幾塊錢。我不相信有機牛奶。提姆他會買有機牛奶，他聽我說了一會兒，然後聳聳肩。「這只是一個決定。」他說。換句話說，在你決定相信購買有機牛奶之前，你並不需要讀過每一篇關於抗生素和乳牛生長激素的論文，仔細衡量兩方說法，到底有機牛奶安全還是有害。你並不需要證明。你只需要一個傾向。

也許我應該相信死後的存在，相信意識在空氣中穿梭，就像辛普森家庭的重播，只因為相較於不相信，這樣比較吸引人、比較有趣，而且比較充滿希望。揭穿者可能是對的，但他們不會是陪你參觀墓園的好玩伴。管他的。我相信靈魂。

科學人文 068

活見鬼！世上真的有阿飄？科學人的靈異世界之旅

Spook: Science Tackles the Afterlife

作者	瑪莉・羅曲Mary Roach
譯者	貓學步
主編	陳怡慈
責任編輯	陳怡君
責任企畫	林進韋
美術設計	蔡佳豪
內文排版	薛美惠
發行人	趙政岷
出版者	時報文化出版企業股份有限公司
	10803 臺北市和平西路三段240號一~七樓
	發行專線｜02-2306-6842
	讀者服務專線｜0800-231-705｜02-2304-7103
	讀者服務傳真｜02-2304-6858
	郵撥｜1934-4724 時報文化出版公司
	信箱｜臺北郵政79～99信箱
時報悅讀網	www.readingtimes.com.tw
電子郵件信箱	ctliving@readingtimes.com.tw
人文科學線臉書	www.facebook.com/jinbunkagaku
法律顧問	理律法律事務所｜陳長文律師、李念祖律師
印刷	勁達印刷有限公司
二版一刷	2019年2月15日
定價	新臺幣320元

時報文化出版公司成立於一九七五年，並於一九九九年股票上櫃公開發行，於二〇〇八年脫離中時集團非屬旺中，以「尊重智慧與創意的文化事業」為信念。

版權所有 翻印必究（缺頁或破損的書，請寄回更換）

Spook by Mary Roach
The edition is published by arrangement with William Morris Endeavor Entertainment, LLC.
through Andrew Nurnberg Associates International Limited.
Complex Chinese edition copyright © 2019 by China Times Publishing Company
All rights reserved.

ISBN 978-957-13-7699-8 ｜ Printed in Taiwan

活見鬼！世上真的有阿飄？科學人的靈異世界之旅 / 瑪莉.羅曲(Mary Roach)著 ; 貓學步譯. -- 二版. -- 臺北市 : 時報文化, 2019.02 ｜ 面； 公分. -- (科學人文 ; 68) ｜譯自 : 譯自 : Spook : science tackles the afterlife｜ISBN 978-957-13-7699-8(平裝) ｜1.靈魂論 2.宗教與科學｜216.9｜
107023877